DIE MAUER IST WEG

Wolfgang Huber (Hg.)

DIE MAUER IST WEG

EIN LESEBUCH

INHALT

VORWORT

GIBT ES EINE Vorahnung gesellschaftlicher Wendepunkte? Unter welchen Bedingungen erleben wir unsere Gegenwart als historisch bedeutsam? Oder lässt sich nur in der Rückschau erkennen, welch folgenreiche Zeit wir erlebten – beispielsweise im Herbst 1989?

In meiner eigenen Biografie kommt 1989 direkt neben dem Kriegsende 1945 zu stehen, dem frühesten Geschehen, mit dem sich für mich eigene Erinnerungen verbinden. 1989 ist für mich die größte historische Wende seit 1945. Wie haben Menschen diese Wende erlebt? Das habe ich mich in den vergangenen 20 Jahren oft gefragt. Mich interessierte beispielsweise, wie sich die klugen Urteile im Nachhinein zur Voraussicht der Menschen verhalten. Wie verknüpft sich die persönliche Biografie mit dem, was in die Geschichtsbücher unserer Kinder und Enkel als „Wende", „Mauerfall" oder „Wiedervereinigung" Eingang findet? Ich selbst nenne es am liebsten die „friedliche Revolution".

Man mag den Streit über den Namen müßig finden. Keinesfalls müßig ist die Feststellung, dass kaum jemand mit dem

6

rechnete, was im Herbst 1989 geschah. Ich selbst weiß nur einen, der so kühn war, die Einheit Deutschlands im Voraus auf das Jahr 1990 zu datieren: Das war der Berliner evangelische Bischof Kurt Scharf. Er wurde im April 1975 gefragt, „wann mit einer Wiedervereinigung zu rechnen sei". Der verantwortliche Umgang mit zinsbringend angelegten kirchlichen Hilfsgeldern bildete den höchst nüchternen Anlass für diese Frage, die dem Bischof nahezu prophetische Gaben abverlangte. Kurt Scharf entzog sich der Herausforderung nicht. Vielmehr antwortete er auf die Frage, wann mit einer deutschen Wiedervereinigung zu rechnen sei, handschriftlich unter dem Datum des 23. April 1975: „In 15 Jahren! Aber dann werden die Papiere steigen – wegen des erhöhten Wirtschaftspotentials."

Die Voraussage des Bischofs bewahrheitete sich aufs Jahr genau. Die Öffnung der Mauer in Berlin am 9. November 1989 war dafür das entscheidende Datum. Freiwillig ausgesucht hat sich dieses Datum niemand. Denn es war bereits besetzt. Der 9. November war bereits zuvor ein deutsches Datum: Mit Scheidemanns Ausrufung der Republik vom Balkon des Reichstags nahm 1918 die Novemberrevolution ihren Lauf; 1923 endete an der Münchener Feldherrnhalle der Hitlerputsch, ein erster Versuch Adolf Hitlers, nach der Macht in Deutschland zu greifen; 1938 wurden in ganz Deutschland Synagogen in Brand gesetzt – ein unübersehbares Fanal für das, was noch kommen sollte.

Mich persönlich hat dieser deutsche 9. November in meiner Arbeit schon lange vor 1989 geprägt. Als Theologieprofessor musste ich jungen Theologinnen und Theologen die schuldhafte Verstrickung unserer Kirche und ihr Versagen gegenüber Jüdinnen und Juden erklären. „Die Kirche vor der ‚Judenfrage'" – so nannte ich im Jahr 1979 eine Vorlesung zu diesem Thema, anknüpfend an einen wahrhaft prophetischen Text Dietrich Bonhoeffers aus dem Jahr 1933. Aber 1989?

Ein Berührungspunkt mit dem, was im Herbst kommen sollte, war der Deutsche Evangelische Kirchentag in Berlin im Sommer 1989. Im Vergleich zu den vorangehenden Kirchentagen im

7

Westen Deutschlands war er durch eine weit stärkere Beteiligung aus der DDR geprägt. Dadurch bot er eine Gelegenheit, die Empörung über die Manipulation der DDR-Kommunalwahlen im Mai 1989 zur Kenntnis zu nehmen, die eine neue Stufe in der Entwicklung der Opposition darstellte.

Schon zuvor hatte eine wachsende Zahl von Bürgerrechtsgruppen die Kirchengebäude als Ort für ihren Protest aufgesucht. Denn die Kirchen – als Gebäude ebenso wie als Institutionen – boten in der DDR den einzigen öffentlichen Raum, der nicht staatlich kontrolliert war. Deshalb kam unserer Kirche eine Schutzfunktion zu, der sie sich nicht entziehen konnte – selbst wenn sie es versuchte.

In wachsendem Maß wurden Friedensgebete in den Kirchen zum Ausgangspunkt dafür, dass der Geist der Gewaltfreiheit auf die Straßen getragen wurde. Dadurch wuchs unsere Kirche in die Mitverantwortung für einen Wandel hinein, der dem SED-Regime ein Ende bereitete – und der Mauer auch. Das Vakuum, das dadurch entstand, suchten die „Runden Tische" auszufüllen. An ihnen versammelten sich Vertreter einer entstehenden Zivilgesellschaft, für kurze Zeit mit einem politischen Mandat ausgestattet, das niemand bezweifelte, aber auch niemand zu legitimieren vermochte. Oft geschah das unter der Leitung von Kirchenvertretern, die in ihren Synoden Demokratie praktisch gelernt hatten – wo anders hätte man das in der DDR lernen sollen!

Heute lässt sich dankbar feststellen, dass es einen kirchlichen Beitrag zur Veränderung, zum Aufbruch, zum Weg zur deutschen Einheit gegeben hat, der uns auch weiterhin verpflichtet.

Viele wissen noch genau, wo sie den 9. November 1989 erlebt haben. Andere wissen, warum sie das geschichtliche Datum verpassten.

Wieso habe ich damals nichts gespürt? Warum habe ich nicht die Fenster aufgerissen und hinaus in die kalte Luft gebrüllt: Das heute wird mein Leben ändern, Leute! Fast ist es heute so, dass ich mir vorwerfe, ich hätte mir im November 1989 mein eigenes,

8

späteres Leben nicht vorstellen können, und das heißt ja auch, dass ich mir überhaupt kein Leben vorstellen konnte, das über das aktuelle Leben mit meinem Arbeiten im Hotel und meiner Prüfungsvorbereitung hinausging. So antwortet die junge Allgäuer Autorin Martina Hefter auf meine Frage, ob sie sich denn die Wende habe vorstellen können. Sie, die damals als Studentin in einem Hotel jobbte, lebt mittlerweile in Leipzig, einer Stadt, die für die damals 24-Jährige in weiter Ferne lag.

Ich weiß, wo ich am 9. November 1989 war – und am 10. November auch. Doch das Erlebte zu erzählen, ist eine Aufgabe für sich. Wenn des Schreibens Kundige das tun, kann es andere ermutigen, ihre Geschichte zu erzählen. Deshalb ist es wichtig, Berichte vom Mauerfall zu sammeln.

Das geschieht in diesem Buch. Schriftsteller aus Deutschland-Ost und Deutschland-West erzählen ihre Geschichte des 9. November. Bereitwillig antworten sie auf meine Fragen: wie sie den 9. November 1989 und die Tage davor verbrachten; ob sie eine Vorahnung hatten; wie ihre ersten Begegnungen im Osten/Westen waren; mit wem?, ob sie durch den Mauerfall eine Person wieder fanden – oder verloren; welche Hoffnungen und welche Ängste sie hatten; wie sie die Ereignisse im Sommer des Jahres 1989 reflektierten; welche Kontakte es über die Mauer hinweg gab, von welcher Seite aus; wie der Blick nach einem Jahr, nach zehn – und jetzt nach zwanzig Jahren war und ist; was sich seitdem verändert hat; was sie gewonnen haben; was sie vermissen.

Die Unterschiedlichkeit, in der Autorinnen und Autoren auf diese Fragen eingehen, ist eindrucksvoll:

Thommie Bayer, der die DDR im Prinzip gut fand, da „die schon den Sozialismus hatten", den er und seine Freunde im Westen für die Zukunft hielten. Als er aber selbst einmal in den Osten fuhr, verstummte er angesichts der Wachttürme, Flutlichter, Sperranlagen, Maschinenpistolen. Jürgen Israel, dessen Glücksgefühl jahrelang anhielt, in den Westteil Berlins in die Bibliothek fahren zu dürfen und zu lesen, was er wollte – ohne

9

Wolfgang Huber

dass jemand fragte, wozu. Günter Kunert, der mit seiner Frau vor dem Fernseher den Vorgang verfolgte, der sich tief in sein Gedächtnis einprägte.

Heulend mit ihren Frauen saßen die halbe Nacht vor dem Fernseher: Wolf Schneider und Henning Scherf. Dagegen der überzeugte Westmensch Klaus Modick, dem nichts an der Wiedervereinigung liegt und der jahrelang nur ein Frankfurt am Main kannte. Sibylle Berg, die, in der Nähe von Berlin aufgewachsen, in der Schweiz lebend, lange Zeit glaubte, überall leben zu können, frei von sentimentalen Gerüchen – bis sie sich nach einiger Zeit zu sehnen begann nach Menschen, die ihr ähnlich sind, nach Systemen und Werten, die ihr vertraut sind. Hans-Joachim Maaz, der in der DDR vonseiten der SED als „nicht förderungswürdiger Kader" galt, der aber im Schutzraum der Diakonie als Psychotherapeut Freiheit fand und sich am 9. November überfordert fühlte von einem Gefühlsgemisch aus Ungläubigkeit, Begeisterung, Zweifel, Erleichterung, Genugtuung und Beunruhigung. Dieter Wellershoff, der immer wieder die Mauer im Kopf wahrnahm. Helga Schubert, die sich fragt, ob sie vom 9. November überhaupt literarisch erzählen kann.

Drei waren am Tag des Mauerfalls unterwegs: Peter Härtling auf der EKD-Synode im oberrheinischen Bad Krozingen – Ulla Hahn mit Bundeskanzler Kohl in Polen und Kathrin Aehnlich, ebenfalls in Polen, ausgeschickt, um den 40. Jahrestag der DDR in der Partnerstadt Krakau zu feiern. Und ihren Geburtstag. Eva Zeller antwortet mit einer Geschichte über einen südafrikanischen Lehrer, der als Kind mit seinem Vater in den Westen flüchtete, Rolf Hochhuth schickt ein nachdenkliches Gedicht.

Für mich war der 9. November 1989 ein Ausnahmetag. Ich hatte den Herbst 1989 denkbar weit vom Ort des Geschehens zugebracht, nämlich als Gastprofessor in den USA. Von Woche zu Woche bedrängte mich das Gefühl mehr, weit weg zu sein von Entscheidendem, das in meinem eigenen Land geschah. Anfang November war ich zu verschiedenen Veranstaltungen nach Deutschland eingeladen. Den 9. November verbrachte ich mit meiner Familie in Heidelberg. Fernsehnachrichten waren an diesem Abend tabu. Die Nachricht vom Fall der Mauer eröffnete mir meine Frau erst am nächsten Morgen; unmittelbar danach fuhr ich nach Berlin. Die dort für den 10. November geplante Veranstaltung fand unverändert statt – so sind wir Deutschen. Aber so schnell ich konnte, machte ich mich auf den Weg zum Brandenburger Tor. Danach verbrachte ich die ganze Nacht an der Berliner Mauer und im Gespräch, zum Beispiel mit jungen Leuten aus Sachsen.

Meine Gedanken gingen zurück zum 13. August 1961. Am Abend vorher hatte ich Willy Brandt gehört, im Bundestagswahlkampf um Stimmen kämpfend, die ich ihm nicht geben konnte – denn wahlberechtigt war ich noch nicht. In der Nacht nach dieser Wahlkampfkundgebung in Freiburg kehrte Willy Brandt nach Berlin zurück; denn die Mauer fraß sich durch die Stadt. Nun, 28 Jahre später, war sie offen. Ein Wunder.

Was sich daraus für meine persönliche Lebensgeschichte ergeben würde, ahnte ich am 10. November 1989 noch nicht. Doch ich wusste: Es hatte sich etwas grundsätzlich verändert. Ein Wunder.

WOLFGANG HUBER, geboren 1942, ist Bischof der Evangelischen Kirche Berlin Brandenburg-schlesische Oberlausitz, Ratsvorsitzender der Evangelischen Kirche in Deutschland und Professor für Systematische Theologie. Huber ist einer der gefragtesten Köpfe zwischen Kirche und Gesellschaft, Kirche und Politik.

Rolf Hochhuth

DIE MAUER

Vergessene verkörpern Geschichte als Dauerruin.

Ewig Verschwundene – nie mehr Gesuchte!
Erst zehn Jahre nach seinem Sturm auf Berlin
entlässt der Kreml schon abgebuchte
30.000 „Zivilinternierte" und Hitlersoldaten
– nur, weil das Rote Kreuz die gefunden?

Zehn Jahre nach Russlands Siegerparaden
in Schweigelagern noch geschunden!
Gab es mehr? Chruschtschow wie Bulganin
verneinen. Geben ihr Ehrenwort Adenauer.
Doch sie umzingeln dann für Ulbricht Berlin.

Achtundzwanzig Jahre mit der Mauer.
Argwohn bleibt: Ließen sie *alle* Gefangenen ziehn?
Zwei, die brutal wie einst Stalin die Zufahrt schlossen?
Zweihundertacht Zivilisten, die fliehn,
werden „im Frieden" an der Mauer erschossen!

Vergessene verkörpern Geschichte als Dauerruin.

Thommie Bayer

SPLITTER
IM GEDÄCHTNIS

JETZT SIND ES nur noch Splitter, Bilder, kleine Szenen, die ihren Zusammenhang eingebüßt haben, die allein, wie Illustrationen zu einem verloren gegangenen Text, in ihrer Schublade oder Schachtel vor sich hin vertrocknen und irgendwann in den Müll wandern werden. So schnell geht das.

Ich bin meinem Gedächtnis üblicherweise dankbar, dass es mich mit Überflüssigem verschont und immer wieder Platz schafft, den ich fürs Ausdenken von Geschichten brauche, dass es mir auch mein eigenes Leben längst zu einer einleuchtend wirkenden Reihe von Ereignissen, Entscheidungen und Erfahrungen gefügt hat – das ist nicht die Wahrheit, es ist eine Erzählung, in der eins zum anderen führt und meine Erlebnisse einen Sinn zu haben scheinen. Damit bin ich einverstanden.

Momentan, da ich mich aber erinnern will, wie es war, was ich erlebt habe mit dem anderen Deutschland, bedaure ich, nicht mehr als diese Splitter in meinem Gedächtnis zu finden:

Das erste Mal, dass ich mich in Marktredwitz der Grenze näherte, im schokoladenbraunen Fiat meines Freundes Henry, der ebenso verstummt war wie ich, angesichts der Wachttürme, Flutlichter, Sperranlagen, Maschinenpistolen, fuhr ich geradewegs ins Dilemma. Wir fanden doch die DDR im Prinzip gut, die hatten schon den Sozialismus, den wir für die Zukunft hielten, und wir erklärten jedem, der es hören wollte, der Westen sei an der Mauer schuld, weil er doch die gut ausgebildeten Menschen aus ihrem Land weglockte, um die Konkurrenz auszubluten, aber der schiere Augenschein war stärker als alles, was ich mir einreden konnte: Dies hier war nicht gut, es war ein Gefängnis.

Das feindselige Benehmen der Grenzer tat ein Übriges, um unsere Irritation in Angst umschlagen zu lassen, die wir einander natürlich nicht eingestanden, als wir über die holprige Autobahn durch ein Land fuhren, das sich nicht zeigen wollte. Allenfalls mal ein Weiler, ein Gehöft, kriegsbraun und altersgrau, erschien hier und da am Rand des Blickfeldes, kein Dorf, keine Stadt, keine Industrie, kein Leben – es hatte den Anschein, als führen wir durch ein leeres Land und die Trabants und Wartburgs enthielten und bewegten alles an Leben, was es gab.

Als das Flutlicht von Dreilinden in Sicht kam, waren wir erleichtert, und als wir die arrogante Behandlung durch die Grenzbeamten hinter uns hatten und wieder auf „unserer" Seite der monströsen Anlage gelandet waren, erst recht.

Ich weiß nicht mehr, ob wir uns angesichts der bunten Neonlichter Berlins gleich beflissen über den „üblen Kommerz" ausgelassen haben – zuzutrauen wär's uns gewesen. So leicht wurden wir dem einmal gefassten Weltbild nicht untreu, in dem unsere Eltern irgendwie die Bösen waren, der Kapitalismus etwas, das die Menschen zerstört, und der Sozialismus das anzustrebende Gute.

Für die Tage, die wir in Berlin verbrachten, waren die beiden Grenzen mit ihrem unverhohlenen Drohgebaren, ihrer Kälte und martialischen Feindseligkeit eine Art Initiation gewesen.

15

Thommie Bayer

Das Grausen im Flutlicht lag hinter uns, und wir warfen uns erregt und fiebrig in die Stimmung, die wir hier zu spüren glaubten, die langen Nächte, die erotischen Knabenträume, deren Erfüllung wir uns hier näher wähnten als zu Hause in unserer Provinz, und das ganze „andere Leben", dessen wir uns hier teilhaftig fühlten. Wie vermutlich jeder junge Mensch, wenn er endlich mal weg ist von daheim.

Die Rückfahrt fand im dichten Schneetreiben statt. Das Gespenstische der Grenzen kannten wir nun schon, und es wurde durch den Schnee zum märchenhaft außerweltlichen Erlebnis gesteigert – die Fahrt durchs leere Land war ein Trip, weil die Schneeflocken magisch und psychedelisch auf uns zuschossen – wir fühlten uns wie auf LSD, hatten davon aber nur gehört und keine Ahnung, ob wir damit richtig lagen.

Später, als ich mit der Eisenbahn fuhr, war das Land nicht mehr leer, jetzt konnte ich ein bisschen was sehen, Dörfer, eine Stadt, Menschen und sehr wenige Autos im Vergleich zur Bundesrepublik. Den Sozialismus hielt ich nicht mehr für die Zukunft, als Künstler grauste es mich zu sehr vor dem, was DKP und Splittergruppen über Kunst verlauten ließen – die hatten einen Geschmack wie Heino – ich glaubte auch nicht mehr, trotz meiner gegenläufigen Interessen eigentlich Sozialist sein zu müssen, weil das doch die menschlichere Ideologie sei, aber dennoch traute ich im buchstäblichen Sinne meinen Augen nicht: das Verkommene, Abgeschabte, Vernachlässigte, die ganze Armseligkeit, die ich sah, verbuchte ich als Westpropaganda, schließlich redete bei uns jeder, den ich für unbelehrbar hielt, vom „Grau-in-Grau" da drüben. Das Grau-in-Grau vor meinen Augen musste irgendwie eine Fälschung sein, um mich von meiner immer noch vorhandenen Solidarität mit dem anderen Deutschland abzubringen und den Spießern in die Arme zu treiben.

Wir erklärten jedem, der es hören wollte, der Westen sei an der Mauer schuld

Im Bandbus, auf dem Weg von Berlin nach Hof, hatten wir am Rasthof Michendorf einen Tramper mitgenommen – der war nett, langhaarig, jung und redete mit uns über Musik. Wir versuchten, ihn extra nicht zu löchern und über sein Leben auszufragen, erstens weil wir cool waren und zweitens, weil wir nicht wollten, dass er sich wie ein begaffter Affe im Zoo vorkomme.

Nicht lang, da überholte uns die Volkspolizei – ein Trabant und einer dieser immer etwas schief wirkenden Kleinbusse – man stoppte uns und holte den Tramper raus. Wir durften weiterfahren, der arme geknickte Junge saß mit gesenktem Kopf im Bus und wurde abtransportiert, als hätte er fliehen wollen und käme jetzt ins Gefängnis. Er wollte nur ein Stück mitfahren.

Feindseligkeit, Arroganz und Bedrohung durch Polizisten konnte man Ende der 1970er Jahre auch bei uns erleben. Wir mussten einmal den ganzen Bandbus ausräumen, während uns drei Polizisten in kriegerischer Montur ihre Maschinenpistolen direkt auf den Bauch richteten. Es war die Zeit der Baader-Meinhof-Anschläge, und in der Nähe war eine Bank überfallen worden. Dennoch ist in den Splittern, die mir heute präsent sind, das Gefühl beim Grenzübertritt auf der Transitstrecke nach Berlin einzigartig.

Vielleicht war auch mal ein Beamter höflich – es wäre seltsam, wenn nicht, aber die ganze Prozedur machte einen klein und angstvoll, man wusste, wie sich ein Untertan fühlte: rechtlos, ausgeliefert und jederzeit in Gefahr, verhaftet zu werden und nach irgendwohin innerhalb des großen Gefängnisses zu verschwinden.

Als Martin Walser seinen „Phantomschmerz" gestand, sprach er mir aus der Seele. Wie oft hatte ich aus dem Fenster im Auto oder Zug auf die großen Felder geschaut und gedacht: Für meine Eltern war das noch ein Land. Sie konnten Leipzig besuchen,

17

Dresden, Weimar, Rügen, die Lausitz – all diese Orte waren für sie ein Teil ihrer Heimat – für uns lagen sie auf einem anderen Stern.

Die Welle der Empörung, die Walser damals entgegenschlug, als hätte er einen Einmarsch vorgeschlagen, gab mir sehr zu denken. Ich begriff, dass unsere politischen Diskussionen viel mehr ein Hin und Her von Reflexen waren als ein Austausch von Argumenten. Es war wie auf dem Schulhof: Wenn du für die Stones warst, konntest du nicht für die Beatles sein. Wenn du ein Linker warst, konntest du kein Verlust- oder Sehnsuchtsgefühl beim Gedanken an dieses fremde, unzugängliche Nachbarland empfinden.

Musikerkollegen, die in der DDR auf Tour gewesen waren, schwärmten von einem wundervollen, klugen, wissbegierigen und zuhörbereiten Publikum. Ich wäre sehr gern dort aufgetreten, aber man musste in der DKP sein oder berühmter als ich es war.

Mein Manager, der mit einer anderen Band dort gewesen war, erzählte mir, dieses Land sei eine einzige große Erziehungsanstalt. Überall und dauernd höre man Zurechtweisungen, immer mache man was falsch und werde, wenn auch nicht freundlich, so doch bestimmt darauf gestoßen.

Die DDR-Musiker, die ich kennenlernte, gefielen mir außerordentlich gut. Sie hatten einen kollegialen und freundschaftlichen Stil, waren hilfsbereit, nie missgünstig oder verkrampft, es war eine Freude, mit ihnen zusammenzuarbeiten – sie waren anders als ihre Westkollegen. Solidarischer. Auf das wirklich Wichtige konzentriert: die Musik.

Und dann wieder und wieder das von der eigenen Aussage überraschte Gesicht Schabowskis, die hupenden Trabbis, der Dunst, der über ihnen in der Luft hing, die strahlenden Gesichter, die Sektflaschen, die Jeansjacken – das Undenkbare war

18

eingetreten: Die Grenzen waren offen. Dieser Tag wollte nicht enden.

Das Durcheinander in den folgenden Monaten ist für mich nicht mehr entwirrbar: Stolz auf diese Deutschen, die eine unblutige Revolution geschafft hatten, Aufregung darüber, wie offen auf einmal die Zukunft war, wie viele verschiedene Möglichkeiten der Entwicklung vor uns standen, Befremden über Günter Grass, der mit Auschwitz gegen eine mögliche Wiedervereinigung argumentierte, Trauer über die klar werdende Dichte des IM-Netzes, die zerstörten Lebensläufe, Ehen, Familien und Freundschaften, Beschützerinstinkt gegenüber den vielleicht noch naiven Neumitgliedern unserer abgefeimten Medien-, Marketing- und Wohlstandsgesellschaft mit ihren raffinierten Methoden der Beeinflussung und Überredung – die ganze folgende Zeit bis zur Wiedervereinigung purzelt für mich ineinander und sieht aus wie eine Lomografie mit viel zu kleinen Bildern, deren Anordnung sich überdies immer wieder ändert.

Und dann die Glücksritter, Abzocker, Copyshops und Videotheken, die Anwälte und Abwickler, die Enttäuschung der Ossis über ihren Status als arme Verwandtschaft, das Gemecker der Berliner, ihre Stadt verändere sich zum Schlechten, die Landschaften, die so schnell nicht blühen wollten ...

Ich lebe im tiefsten Südwesten der alten Bundesrepublik, und all das war weit weg, spielte sich in den Medien oder besuchsweise ab, verkörperte sich in einzelnen Personen, die ich traf und mochte, so wie damals die Musikerkollegen – inzwischen waren das Bücherleute, Autoren, Journalisten, Buchhändler und Verlagsmenschen – die neue Normalität fügte sich in mein Leben ein und fand in der Größe statt, in der normales Erleben eben stattfindet: ohne Pathos, ohne erhabenes Gefühl, ohne Aufregung. Mein Land war ein anderes geworden – mein Leben war mein Leben wie bisher.

Nur dass ich Weimar, Leipzig, Ostberlin besuchen konnte. Und dort war die Erregung dann deutlich zu spüren, das erhabene Gefühl – es war eine große Sache, zu sehen, wie die Ostberliner Steinwüste alten Stolz pflegte und neuen Stolz baute – die Stadt bekam ein Herz und eine Mitte jenseits des spießigen Ku'damms, sie kehrte zurück in den Kreis der Weltstädte, eroberte sich ihren Mythos und Glamour zurück und hatte auf einmal Stil.

In solchen Momenten war ich dann manchmal auch stolz auf uns Westdeutsche, die sich mit ihrem Solidarbeitrag auf diese riesige Aufbauleistung eingelassen hatten, und ich war optimistisch bei jedem Anzeichen von Fortschritt und Wohlstand, das ich sah, von dem ich hörte oder las – und das bin ich immer noch.

Die Reflexe sind noch da, das Hin und Her ist noch da, das Gemecker, die Klagen, die Enttäuschung werden wohl auch so bald nicht versiegen – so ist es eben. So ist die Normalität. So ist sie auch in anderen Ländern und war so zu anderen Zeiten und unter anderen Umständen. Hätte ich Kinder, dann könnten die mal auf einer Reise nach Rügen oder Dresden oder Eisenach denken: Für meine Eltern war das noch ein fremdes und unzugängliches Land, für uns ist es ein ganz normaler Teil unserer Heimat.

Ich wünsche mir, dass Berlin eine Lichtinstallation entlang des früheren Mauerverlaufs macht. Schon heute ist es mir oft unmöglich zu sagen, ob ich nun im früheren Westen oder früheren Osten bin – ich hätte gern eine Erinnerung daran, wie es war. Keinen Holzhammer, keine großspurige Mahnung, nur eine zarte Lichtinstallation, die in aller inzwischen angemessenen Unwirklichkeit zeigt, was war und wie glücklich wir uns schätzen können, dass dieses Wunder sich in unserer Lebenszeit ereignet hat.

Martina Hefter

DER WIND WÜRDE NIE NACH SACHSEN REICHEN

AUGUST 1989. In aller Frühe schließe ich den Hintereingang des Hotels auf, in dem ich nun wieder ein paar Wochen arbeiten werde, um mir meine Ausbildung auf der Tanz- und Gymnastikschule zu verdienen. Meine Arbeit ist, morgens die Erste im Hotel zu sein. Ich werfe die Kaffeemaschinen an, ich arrangiere Wurst- und Käsescheiben zu Fächermustern auf Silberplatten und trage Schüsseln mit Quarkspeise und Müsli zu den langen Tischen im Speisesaal, die das Frühstücksbuffet bilden. Während der Frühstückszeit werde ich all die zerstörten Arrangements, alles Leergepickte und Heruntergepflückte wieder vervollständigen; ich werde das Buffet in einem Zustand vollkommener und immerwährender Perfektion halten – als ob kein Gast je von den Speisen äße. Später werde ich die Gästezimmer sauber-machen, und auch hier den einen, glanzvollen Zustand wieder und wieder herstellen. Ich glaube, dass dieser bewahrende As-pekt meiner Arbeit von Bedeutung ist, wenn ich darüber nach-denke, was an diesem Ferienjob im August 1989 anders war als sonst. An jenem ersten Ferienarbeitsmorgen ging ich noch

21

selbstverständlich davon aus, dass das Hotel eine Welt in nuce sei, dass der Zustand der Welt draußen ebenso immer wieder auf Hochglanz und auf Vordermann gebracht werde, von fleißigen Hausgeistern, Heinzelmännchen, die die Welt-Gäste kaum wahrnähmen. Der Zustand der Welt, auch des Landes, würde unveränderlich bleiben, es würde so weitergehen, wie es im Hotel seit meinem ersten Ferienjob als Fünfzehnjährige immer weitergegangen war, ohne große Erschütterungen und Umbrüche.

August 1989, Ungarn hat gerade seine Grenzen zu Österreich durchlässig gemacht, aber in unserem Hotel am Fuß der Alpen ist Ungarn weit weg.

An jenem ersten Vormittag, nachdem das Frühstücksbuffet abgeräumt ist, die Brösel unter den langen Tischen aufgefegt sind und sich alle Mitarbeiterinnen und Mitarbeiter zur traditionellen Vormittagspause treffen – an jenem Vormittag ändert sich plötzlich alles. Zwei neue Mitarbeiterinnen sitzen am Tisch, eine jüngere (etwas jünger als ich) und eine ältere; den festen Angestellten sind sie schon gut bekannt, scheint es, denn sie lachen und reden alle miteinander, und es ist nichts von jener Stille zu merken, die sonst immer über dem Personaltisch hängt, wenn „jemand Neues" dazugestoßen ist. Ich bekomme von der älteren Frau, noch vor einer Begrüßung, eine Zigarettenschachtel herübergeschoben – ohne dass ich in der Runde nach einer Zigarette gefragt habe. Damals ahnte ich nicht, dass diese Zigarettenmarke wenige Jahre später ein klischeehaftes, beinahe nervtötendes Symbol für „den Osten" sein und die blassbeige Schachtel mit dem grünen Buchstaben und der Ziffer zu einer Art „Kultmarke" werden sollte, ein „Ostprodukt", das auch im Westen dann alle jüngeren Leute rauchten, aus einer Art nachträglicher Solidarität heraus oder aus dem sonderbaren Wunsch, einen Grusel zu spüren, der, immer noch, von diesen Zigaretten und damit von dem dusteren Land DDR ausging . Es stellt sich heraus, dass die beiden Frauen – Mutter und Tochter – zusammen mit dem Ehemann beziehungsweise Vater aus der DDR geflohen sind, aus einem kleinen Ort in Sachsen (ich habe mir den Ortsnamen nie gemerkt, was mich heute ärgert). Geflohen über die gerade geöffnete ungarische Grenze nach Österreich, und über Österreich sind sie ausgerechnet in unserem kleinen Allgäuer Luftkurort gelandet und haben in „meinem" Hotel sofort Arbeit und eine erste Unterkunft gefunden.

Allerdings ist der Begriff „sich herausstellen" völlig falsch. Wenn man sagt, etwas stellt sich heraus, ist das immer mit der Vorstellung eines vorausgehenden Geheimnisses oder zumindest einer kurzen Zeit des Rätsels verbunden, und dann stellt sich mit einem Knall oder großem Erstaunen die Wahrheit heraus. Aber so selbstverständlich, wie die beiden Frauen mir den Sachverhalt ziemlich schnell mitteilten (ich weiß nicht, ob ich etwas in dieser Richtung gefragt habe: „Wo kommt ihr her?" oder: „Neu hier?"), konnte dem kein Rätsel vorausgegangen sein. Wenn mir jemand anderer mitgeteilt hätte, er oder sie sei gerade von Köln hergezogen, es wäre mit Sicherheit ein dramatischeres Erzählen gewesen. Diese Selbstverständlichkeit, die Ruhe dieser Frauen, in der sie mir soeben etwas Ungeheuerliches berichtet hatten, brachte innerhalb weniger Sekunden den ganzen ruhigen Lauf des Hotels durcheinander, und damit den ganzen ruhigen Lauf der Welt. In den folgenden Tagen konnte ich mich kaum auf die Arbeit konzentrieren; das Frühstück der Gäste: unwichtig. Ich beobachtete viel lieber die beiden Frauen, die hier und da aushalfen, meistens später mit mir auf die Zimmer wechselten – obwohl es schwer war, sie zu beobachten, denn wir hatten inzwischen rein äußerlich die ganz normale Nähe unter Kolleginnen entwickelt, die eine Distanz, innerhalb der man sich beobachten konnte, kaum zuließ. Für mich waren sie Wesen, die gerade aus einer schweren Schlacht kamen, oder auch gleich aus der Unterwelt, ihr gerade noch einmal entrissen. Ich suchte in ihren Gesichtern nach Anzeichen, nach ängstlich aufgerissenen Augen, nach zitternden Händen, nach einem gehetzten, erledigten Gesichtsausdruck – aber fand nichts. Sie waren die ersten Geflohenen, die mir begegnet waren, und ich war darauf so unvorbereitet, dass ich nichts wahrnehmen konnte von den Anzeichen der überstandenen Flucht. Oder es gab wirklich keine.

Aber auch diese Ferien gingen zu Ende. In der Tanz- und Gymnastikschule in München ging es auf die Zwischenprüfungen zu. Ich musste 30 verschiedene tradierte Volkstänze tanzen können. Ich musste eine zeitgenössische Choreographie entwickeln und selbst tanzen. Ich musste eine Lehrprobe in Kindertanz in einem Kindergarten abhalten. Ich würde in der Anatomieprüfung alle Knochen, Muskeln und Nerven des menschlichen Körpers sowohl in deutscher als auch lateinischer Bezeichnung kennen müssen. Beim Wort „Freiheit" fielen mir die Freiheitsgrade der Gelenke ein, beim Sattelgelenk des Daumens waren es zwei. Die Sommerferien und meine Kolleginnen im Hotel hatte ich so gut wie vergessen. Manchmal saß ich abends vor dem Fernseher und sah die Bilder von den Montagsdemonstrationen an mir vorbeiziehen, ohne dass ich eine Verknüpfung zu den beiden Frauen herstellen wollte. Ich sah nur Massen von Körpern, einen Körperstrom, der sich eine breite Großstadtstraße entlangwälzte: Hatte dies etwas mit „meinen" beiden Frauen zu tun? Oder mit mir? Also bitte! Denk doch jetzt nicht darüber nach! Nimm ein heißes Bad und rasple die Hornhaut an deinen Füßen ab!

Wenn der einzelne Mensch erschöpft ist, kann er sich nicht mehr zu den Ereignissen um ihn herum stellen, das war die erste Erkenntnis, die ich aus dem Geschehen in der DDR entwickelte. Ich dachte darüber nach, ob die Erschöpfung, die sich ergibt, wenn man konzentriert seiner Berufung nachgeht, auch gefährlich sein kann – oder ob sie notwendig ist, weil man so seine eigene kleine Machtlosigkeit vergisst. Ich dachte über Tänzerinnen in der DDR nach, ob sie jetzt da draußen in Leipzig und Berlin mitmarschierten oder zum Beispiel in den riesigen Ballettsälen der Leipziger Oper, der Komischen Oper und der Staatsoper Unter den Linden ungerührt ihr tägliches Abendtraining absolvierten. Rückblickend erschrecke ich noch immer, wenn ich daran denke, wie teilnahmslos ich war, als am

9. November die Mauer fiel. Gewiss, etwas Gewaltiges passierte da gerade – aber es passierte nicht mit mir direkt, ich machte am nächsten Morgen die üblichen Wege, ich aß zum Frühstück das Gleiche wie immer. Dabei sprachen alle davon, dass wir soeben einen historischen Moment erlebten. Dabei würde sich, sehr viel später, mein Leben genau wegen dieses historischen Moments vollständig ändern – ich würde in Leipzig wohnen und eine Schwiegermutter in Chemnitz haben, und meine Kinder würden einmal in allen Dokumenten Leipzig als ihren Geburtsort bezeichnen. Wieso habe ich damals nichts gespürt? Warum habe ich nicht die Fenster aufgerissen und hinaus in die kalte Luft gebrüllt: Das heute wird mein Leben ändern, Leute! Fast ist es heute so, dass ich mir vorwerfe, ich hätte mir im November 1989 mein eigenes, späteres Leben nicht vorstellen können, und das heißt ja auch, dass ich mir überhaupt kein Leben vorstellen konnte, das über das aktuelle Leben mit meinem Arbeiten im Hotel und meiner Prüfungsvorbereitung hinausging. Vielleicht war die eine große Vorstellung, die alle anderen überstrahlte, einfach nur die: dass ich nie älter werden würde. Egal, ob die Mauer fiel oder nicht.

Aber ich wurde älter, zum Glück. Die Weihnachtsferien kamen. Ich fuhr zurück in meinen Heimatort und nahm den Hotelschlüssel vom Schlüsselbrett im Haus meiner Eltern und steckte ihn in meine Jackentasche. Im Hotel hatten sie einen übergroßen Christbaum im Speisesaal aufgebaut, und an meinem ersten Arbeitsmorgen kamen die beiden Geflohenen, Mutter und Tochter, und schmückten den Baum mit allerhand Strohsternen und roten Glitzerbändern und bunt schillernden Kugeln. Sie sangen Weihnachtslieder dabei. Sie waren keine Geflohenen mehr. Sie hatten eine eigene Wohnung gefunden und zwei Autos gekauft, eines für den Vater, eines für die Tochter, während die Mutter zum Einkaufen in die nächstgrößere Stadt

Wieso habe ich damals nichts gespürt? Warum habe ich nicht die Fenster aufgerissen und gebrüllt: Das heute wird mein Leben ändern, Leute!

Martina Hefter

mit dem Überlandbus fuhr. Im Hotel redeten wir mit ihnen kaum über die Ereignisse vom November – die beiden machten überhaupt nicht den Eindruck, dass es für sie von Interesse sei; es schien sie sogar noch weniger zu interessieren als uns, die alteingesessenen Bewohner des Landes BRD. Ging ich abends in die einzige Diskothek des Orts, traf ich ab und zu die Tochter, dann tranken wir zusammen an der Theke ein Weizenbier. Sie kannte längst viel mehr Leute als ich, die ja nur noch in den Ferien im Ort wohnte, und sie wurde von unzähligen mir fremden Männern und Frauen mit einem freundschaftlichen Klaps auf den Rücken begrüßt. Ein einziges Mal brüllte sie im Lärm der wummernden Musik zu mir hin: Ich bin froh, dass ich in dem langweiligen Scheißland nicht mehr wohne – aber das hier ist auch ein langweiliges Scheißland.

Ich arbeitete noch ein Jahr lang während meiner Ferien in dem Hotel. Merkwürdigerweise war es mit den Ferienjobs bald nach der Wiedervereinigung vorbei – das Hotel hatte nicht mehr genug Geld, die Gäste blieben aus, es gab keinen Grund, jemanden in den Ferien anzustellen. Die „geflohene" Mutter allerdings blieb, sie wurde beinahe die einzige Mitarbeiterin des gesamten Betriebs und damit auch so etwas wie die Chefin über alle Abteilungen. Sie war die stille Chefin des Hotels. Das erzählte sie mir, als ich sie – wieder einige Jahre später – zufällig im Überlandbus traf. Da hatten sie und ihr Mann sich bereits ein eigenes Häuschen gebaut, im übernächsten Ort, der an der Bundesstraße lag, unweit am Ufer eines unserer tiefgrünen Seen. Sie war angekommen, während ich, als wir uns trafen, gerade überhaupt keine Idee hatte, wohin, in welche Stadt, an welchen Ort ich gehen würde. Ich konnte, als die aus Sachsen geflohene Frau mich danach fragte, nichts antworten. Ich glaube, ich sagte etwas Kitschiges, Pathetisches, um mich dem Kern der Frage zu entziehen: Ich werde gehen, wohin der Wind mich trägt. Wir mussten beide lachen. „Na dann pass mal uff", sagte sie. Sachsen war noch sehr weit weg, der Wind würde nie dorthin reichen, dachte ich, aber ich dachte nicht weit genug.

Kathrin Aehnlich

GEBURTSTAG IN POLEN

IN DER NACHT des 9. Oktober 1989 trank ich Rotwein aus einem Puppenklo.

Ich saß im polnischen Krakau, in einem spartanisch eingerichteten Internat, in dem es nicht einmal Gläser gab. Nur Tische und Stühle und einen Fernseher, der an einer Halterung kurz unter der Decke hing. Wir saßen mit in den Nacken zurückgelegten Köpfen und sahen auf verwackelte Fernsehbilder, auf denen Menschen mit dem Strahl eines Wasserwerfers über die Straße getrieben wurden. Ich erkannte die Verkehrsampeln, die Peitschenlampen, die Uniformen der Polizisten. War es Leipzig? Berlin? Oder war es Dresden? Wir wussten es nicht. Es war eine breite Straße in einer großen Stadt. Wir verstanden nicht, was uns der aufgeregte italienische Kommentator mitteilen wollte. Wir saßen an Tischen, die uns vertraut waren – wahrscheinlich gab es keinen sozialistischen Gemeinschaftsraum ohne Sprelacart-Tisch, und befanden uns doch am Ende der Welt. Ausgegrenzt, im wahrsten Sinne des Wortes.

Ich dachte an meine Familie, an meine zweijährige Tochter, an meinen Mann. War er wie an den Montagen zuvor zum Friedensgebet in die Nikolaikirche gegangen? Hatte er das Kind mitgenommen? Wie viele würden sich den Polizeiketten entgegenstellen? Würde der Staat diesen Protest hinnehmen? Oder waren die Bilder, die ich sah, der Beginn einer seit langem befürchteten Rache? Ich dachte, dass ich nicht einmal ein Foto meiner Tochter mitgenommen hatte.

Anfangs hatte ich mich gefreut. Jahrelang waren Reisen in unser aufmüpfiges Nachbarland ein Tabu gewesen. Noch vor der Ausrufung des Kriegsrechts durch General Jaruzelski, hatten die ängstlichen DDR-Politiker die Grenze zum Bruderland geschlossen. Und nun durfte ich unerwartet nach Polen reisen, in das Land, das ich immer bewundert hatte. Polen war uns immer einen Schritt voraus gewesen. War avantgardistischer, mutiger, kritischer. Polen war Kunst: Film, Theater, Jazz. Wir bewunderten Andrzej Waida, Krzysztof Kieslowski, Witold Gombrowicz, … Mein erstes Rockalbum waren zwei Schallplatten, erschienen unter dem Warschauer Label Pronit: „20 Englands top smash hits". Ich nahm es hin, dass die Hits von einem Sinfonieorchester gespielt und von falschen Roger Chapmans und Paul McCartneys gesungen wurden. So wie ich es hinnahm, dass die polnischen Jeans nur entfernt mit ihren amerikanischen Schwestern verwandt waren. Polen hatte immer einen Hauch Amerika. Und dann war eines Tages die „Brücke der Freundschaft" nicht mehr passierbar. „Zeitweilig", hieß es. Man wollte uns schützen vor dem „polnischen Bazillus". „Über sieben Brücken musst du gehen" – statt Visafreiheit blieb uns am Ende nur das Lied.

Und doch hatten wir uns angesteckt. Vielleicht war es die Strahlung der Fernsehbilder gewesen. Die Proteste in der Gdansker Werft. Die Forderung nach Mitbestimmung. Die Gründung der Solidarnosc. Eine unabhängige Gewerkschaft? Undenkbar in der DDR. Der „Freie Deutsche Gewerkschaftsbund" war fest in staatlicher Hand. Jeder Jugendliche bekam mit Eintritt in das

28

Berufsleben einen Aufnahmeantrag. Und auch ich hatte mich nicht dagegen gewehrt. Ich bewunderte die Polen um ihren Mut. Am ersten Jahrestag der Solidarnosc-Gründung trafen wir uns in der Leipziger Ostvorstadt in der Wohnung eines Freundes. Wir saßen um brennende Kerzen herum auf dem Fußboden, tranken Tee, rauchten und hörten polnischen Jazz. Dann kam die Polizei. Wir wurden einzeln in den Hausflur gerufen, mussten unsere Ausweise zeigen, und wir gaben zu Protokoll, dass wir Tee getrunken und Musik gehört hätten. Einfach so?

Einfach so.

Und nun, ausgerechnet in dem Moment, in dem in meiner Stadt „polnische Verhältnisse" herrschten, fuhr ich nach Polen?

Wir waren ausgeschickt worden, mit unserer Partnerstadt Krakau Geburtstag zu feiern. Den 40. Jahrestag der DDR. Das Geburtstagskind war in die Jahre gekommen, die Freude darüber hielt sich in den bewachten Grenzen. Einige Geburtstagsgäste versuchten, das Land in Sonderzügen noch vor der Feier in Richtung Prag zu verlassen. Andere entzogen sich und versammelten sich in Kirchen. Es wurde ein Fest im engsten Politbürokreis. „Den Sozialismus in seinem Lauf hält weder Ochs noch Esel auf!", verkündete Erich Honecker im Palast der Republik. Doch die wichtige Botschaft für uns kam vom Geburtstagsgast Gorbatschow: „Gefahren warten nur auf jene, die nicht auf das Leben reagieren." Welches Leben?

Am Abend des 6. Oktober fuhren wir, flankiert von Kulturfunktionären und Journalisten, nach Krakau. Die Einladung kam für mich unerwartet. Ich war weder Mitglied im Schriftstellerverband noch in der Partei. Auch meine Mitreisenden passten nicht in die bekannten Muster. Angela Krauß hatte mit ihrem Buch „Das Vergnügen" zwar die Leser erfreut, nicht aber die Kulturfunktionäre, und die „Lose Skiffle Gemeinschaft" war in ihren Äußerungen so lose wie ihr Name. Auch die Rockband „Amor and the Kids" (mit dem späteren „Prinzen" Tobias Künzel) war kein sich aufdrängender Repräsentant des Sozialismus. Sollte mit uns eine neue „Offenheit" demonstriert

29

werden, oder waren wir die Dummen, die sich für diese Reise gefunden haben?

Es war das erste Mal, dass ich Leipzig ungern verließ. Eine Stadt, in der die Leute auf die Straße gingen, ohne Aufforderung des Staates. Nach und nach öffneten sich die Kirchen. Friedensgebete für Nichtchristen. Die Kirche als unantastbarer Ort, als politischer Ort. Nach dem Gottesdienst standen sich auf den Straßen Demonstranten und Polizisten gegenüber. Als Feinde? Oder doch nur als Nachbarn? Würden sie schießen, wenn sie den Befehl dazu bekämen? Würden Panzer die Straßen absperren und Wasserwerfer die Menge auseinandertreiben? In welcher Stadt befand sich die Straße, die wir auf den verwackelten Fernsehbildern sahen?

Wir hatten uns immer „geteilt". Mein Mann war in die Nikolaikirche gegangen, ich mit dem Kinderwagen in eine Kirche in der Vorstadt. Auf dem Heimweg war ich bei jedem lauten Geräusch zusammengezuckt. Wir waren zerrissen von Angst und dem Willen nach Veränderung. Doch die Menge gab uns Sicherheit. Zwanzigtausend waren es am 2. Oktober. Wie viele würden es eine Woche darauf sein?

Um Mitternacht, an jenem alles entscheidenden 9. Oktober, saß ich nun in einem polnischen Internat und trank Rotwein aus einem Puppenklo. Wir waren aus der Zeit gefallen. Wir gehörten nirgendwo hin. Nicht in das Land, das wir vor 72 Stunden verlassen hatten. In das wir hineingeboren worden waren und das wir über all die Jahre hinweg versucht hatten zu lieben, so wie man einen angeheirateten Verwandten liebt. Und wir gehörten nicht nach Polen. Sie ließen es uns spüren. Den polnischen Kulturfunktionären waren wir suspekt, weil wir aus dem rebellischen Leipzig kamen. Für die anderen waren wir „Offizielle", deren Meinung niemanden interessiert. Bei unserer Ankunft bauten Unbekannte vor die Tür des Kulturzentrums eine Mauer aus weißen Polystyrolsteinen auf und besprühten sie mit den SS-Runen. Das Fernsehteam eines ZDF-Kulturmagazins filmte die Mauer, dann wurde sie wieder abgetragen. Uns fragte niemand. Nach uns fragte niemand. Statt der vereinbarten Lesungen gab es Ausflüge in die Umgebung, statt Vorträgen an der Universität Museumsbesuche und Stadtrundgänge. Wir saßen allein in dem Kaffeehaus Jama Michalika. Kein Drängeln um Plätze, keine streitenden Kunststudenten, keine Kellner, die sich mit vollen Tabletts zwischen den Tischen hindurchdrängeln. Die Luft war klar und durchsichtig. Nur die nikotingebeizten Tapeten und die Bilder und Marionetten an der Wand, mit denen mittellose Studenten angeblich ihre Zeche beglichen haben sollen, zeugten von einer anderen Zeit. Wir saßen allein vor unserem Milchkaffee und dämpften die Stimme. Es war, als hätte jemand die Uhr angehalten.

Wo war das Krakau, das ich geliebt hatte? Die Restaurants waren leer, die Preise so hoch, dass die Gäste ausblieben, die Auslagen in den Läden trostlos. Nur in den Tuchhallen auf dem Marktplatz wurde wie eh und je gehandelt. An jedem Stand gab es Papstbilder zu kaufen: Papstkerzen, Papsttassen, Papstschlüsselanhänger, Johannes Paul II., eingesperrt in eine Schneekugel. „Was wollen die Polen nur mit ihrem Papst?", dachte ich und ging weiter. Ich suchte nach Spielzeug für meine Tochter und kaufte ein Puppenbad. Ein schwarzes Klo mit gelber Klobrille, eine Badewanne, ein Waschbecken, einen Wischeimer. Als ich die Tuchhallen verließ, stieß mir ein Zigeuner fordernd seine Sammelschale gegen die Rippen: „Eine Mark, bitte!" Gehorsam griff ich in die Tasche und legte eine DDR-Mark in den Korb. Sein Fluchen verfolgte mich über den gesamten Marktplatz.

Niemand wollte uns. Niemand brauchte uns. Nur einer möchte mit uns sprechen, Jan Józef Szczepanski, der Gründer eines unabhängigen Schriftstellerverbandes. Wir bekamen seine Adresse auf einem Zettel von unserem polnischen Betreuer zugesteckt. Ein konspiratives Treffen in der Krakauer Altstadt. Die Wohnung erstrahlte im verblichenen k. und k.-Glanz, als hätte der Kaiser selbst die Einrichtungsarbeiten geleitet. Die hohen großen Räume waren durch Flügeltüren getrennt. Kinder spielten Fangen, schlitterten über das Parkett, wurden verwarnt

31

und kamen doch immer wieder. Neugierig pirschten sie sich an uns heran und stoben davon, wenn sie entdeckt wurden. Wir saßen in abgeschabten Ledersesseln, tranken Tee und träumten. Wir träumten von unzensierten Büchern. Von Büchern, deren einziger Maßstab Literatur war. Wir träumten vom Sieg der Wahrheit und der Fantasie. Gemeinsam. Voller Dankbarkeit verteilten wir zum Abschied unsere Schätze, die wir für „besondere Gelegenheiten" aus dem Schlaraffenland DDR mitgebracht hatten. Drei Schlagersüßtafeln aus kakaoähnlichen Bestandteilen für die Kinder und eine Döbelner Salami für den Schriftsteller Jan Józef Szczepanski. Wertvolle Geschenke unter sozialistischen Brüdern und Schwestern.

Wir waren euphorisch. Doch die Ernüchterung folgte sofort. Am Abend waren wir zu einem Empfang geladen: Die offiziellen Feierlichkeiten zum Republikgeburtstag. Wir wussten, dass wir uns nicht verweigern konnten. Angela weinte. „Es gibt zwei Möglichkeiten", sagte ich, „wir nehmen es hin oder wir wehren uns." „Gut!", sagte sie. Und stellte die Tränen ab, so wie man einen Wasserstrahl abdrehte. Und ich ahnte nicht, was ihre Entschlussfreude bedeuten würde.

Wir wurden zu einem großen Gebäude gefahren. Auf dem Treppenpodest vor der breiten Eingangstür standen zwei Wachtposten. Es war die Militärkommandantur. In einem großen Raum war ein Buffet aufgebaut. Alles Dinge, die unsere Delegation vorsorglich aus Leipzig mitgebracht hatte: Schnittkäse, Eier, Salami, natürlich Döbelner, und Sekt der Marke Rotkäppchen. Die Gläser standen in der Mitte der Tafel auf einem Podest. Ein Blick genügte und wir wussten, dass wir schnell sein mussten. Wir tranken auf die Republik, auf die Völkerverständigung, auf die Partnerschaft unserer Städte, auf die Freundschaft, die uns Herzenssache war. Als alle Reden geredet waren, hatte ich drei Gläser Sekt getrunken. Ich lief zusammen mit Angela auf einem Wattefußboden auf die Kulturfunktionäre zu. Ich sah alles in Zeitlupe. Ich sah, wie Angela die Vertreterin der Bezirksparteileitung der SED am Kragen packte. Oder wäre es besser am Schlafittchen zu sagen? Sie drehte den Stoff zu einem Knoten, zog die Frau zu sich heran und sagte in die plötzliche Stille hinein: „So, jetzt machen wir Glasnost!" Glasnost, dieses Wort war der Funke, der alles entzündete. Wie eine Explosion entlud sich unser Unmut. Weshalb waren wir nach Krakau gefahren? Um Ausflüge ins Gebirge und in ein Salzbergwerk zu machen? Worin lag der Sinn dieser Reise? In Trinksprüchen auf die vergangenen Zeiten? Niemand antwortete uns. Schweigend drehten alle ihre leeren Gläser zwischen den Händen. Wir verließen den Saal, standen in der Mitte der großen Eingangshalle. Fern spielte Musik, ich ahnte einen Walzer. Plötzlich öffnete sich eine zweiflüglige Tür. In gerader, vorschriftsmäßiger Haltung führte ein Mann in goldbetresster Uniform eine Dame im Ballkleid über das Parkett. Sie drehten sich in weiten Schwüngen, wechselten die Richtung, schwebten im Dreivierteltakt. Der Kronleuchter spiegelte sich im schwarzen Lack des Flügels. War es ein Film oder die Wirkung des Alkohols? Bevor ich mich entscheiden konnte, schloss jemand die Tür. Die Vorstellung war beendet.

Wir gingen hinaus in die Herbstluft, die uns kühlte. Unser polnischer Betreuer war uns gefolgt. Es täte ihm leid, sagte er, wenn wir uns nicht als Gäste behandelt fühlten. Es sei nicht seine Schuld, sagten wir.

Er lud uns ein. Ein geheimer Ort, an dem es Alkohol geben sollte. Weshalb glaubten Politiker, sie könnten mit Prohibition Veränderungen aufhalten? Vor der Tür zum Theaterclub schlief ein Betrunkener auf der Treppe. Ein gutes Zeichen. Wir tranken Wodka, bis unser polnischer Betreuer vom Stuhl fiel. Als wir gingen, lag der Betrunkene noch immer auf der Treppe. Wir liefen durch das nächtliche Krakau. Der Wodka hatte uns heiter gemacht. Unser Lachen fing sich in den Häuserzeilen. Ein Mann blieb stehen und küsste uns die Hand. Wir hatten es fast vergessen. Am Anfang unserer Reise hatten wir darauf gewettet, wer die meisten Handküsse bekommen würde. Der Mann stellte sich uns mit einer Verbeugung vor. Er wäre ein

33

Graf und über einhundert Jahre alt. Schon wieder ein Film, dachte ich.

Wo ich herkomme, fragte mich der einhundertjährige polnische Graf.

Aus Leipzig!

Eine schöne Stadt, sagte er, ich habe eine Tochter in Hamburg.

Das ist auf der anderen Seite der Mauer, sagte ich.

Und der einhundertjährige Graf lächelte milde, küsste mir die Hand und sagte: Nicht mehr lange.

Es war fast Mitternacht, als wir im Internat ankamen. Ich holte die eiserne Reserve: eine Flasche „Erlauer Stierblut". Erst jetzt merkten wir, dass es keine Gläser gab, nicht einmal Zahnputzbecher.

Ich trank Rotwein aus einem Puppenklo. Schwarz mit gelber Klobrille, mein Gegenüber, der „Prinz" Tobias Künzel, trank aus der Badewanne, Angela aus dem Waschbecken.

Wir stießen an. „Auf das Geburtstagskind!" Doch wir tranken nicht auf die Republik, sondern auf mich, denn ich hatte an diesem 9. Oktober Geburtstag. Dann saßen wir mit in den Nacken zurückgelegten Köpfen und sahen auf verwackelte Fernsehbilder.

Nachtrag 1:

Am Morgen des 10. Oktober überreichte mir der Pförtner ein Päckchen. Ein Mann hatte es in der Nacht abgegeben. Es war ein in Packpapier eingeschlagenes Buch: „Vor dem unbekannten Tribunal" von Jan Józef Szczepanski, erschienen im Suhrkamp-Verlag. Ein heiliges Westbuch. Ein persönliches Exemplar, mit handschriftlichen Korrekturen. Eines der fünf Essays hieß „Der Heilige". Es war die unglaubliche Geschichte des Jesuitenpaters Maximilian Kolbe, der in Auschwitz sein Leben für das Leben eines anderen Häftlings opferte. Dafür wurde er von dem Polen Karol Wojtyla auf dem Petersplatz in Rom heiliggesprochen.

Und wie allen Heiligen wurde ihm ein Ressort zugeteilt: die Journalisten.

Am 11. Oktober 1989 saßen wir im Zug. Wie würde das Land aussehen, in das wir zurückkehrten? Es gab Gerüchte über einen Regierungswechsel. Entgegen aller Bedenken passierten wir die Grenze problemlos. Mein Mann empfing mich mit meiner Tochter am Bahnhof.

Es hatte niemand geschossen in Leipzig. Das Politbüro hatte sich die Bilder der Montagsdemonstration live nach Berlin übertragen lassen. Vor der Stadt standen die Armee und die Kampfgruppen „Gewehr bei Fuß“. Wasserwerfer waren mit farbigem Wasser betankt, um die Demonstranten zu markieren, die Leipziger Messehallen zur „Aufbewahrung“ der Inhaftierten freigeräumt, die Krankenhäuser informiert. Noch am 8. Oktober hatte Erich Honecker dafür plädiert, mit Panzern in die Menge zu fahren. Am 9. Oktober sahen die Genossen in Berlin auf den Bildschirmen „ihr Volk“: 70 000 Menschen auf den Leipziger Straßen. Der Einsatzleiter in Leipzig wartete vergeblich auf den Rückruf „seiner Genossen“. Das Politbüro war verstummt. Es wird kolportiert, dass sich die Genossen betrunken hätten. Vielleicht mit Wodka. Auf sich allein gestellt, entschied sich der Leipziger Einsatzleiter gegen eine „chinesische Lösung“. Die Fernsehbilder, die wir im italienischen Fernsehen, das in Polen sonst zur Übertragung vatikanischer Messen diente, gesehen hatten, zeigten uns einen Einsatz der Berliner Polizei am 8. Oktober. Genau einen Monat danach vollendete sich, was mit den Leipziger Friedensgebeten begann: Am 9. November 1989 fiel die Mauer.

Kurz darauf gründeten wir in Leipzig „Die andere Zeitung“. Zwei Jahre später wurde ich Rundfunkjournalistin. Im Frühjahr 2005 starb Johannes Paul II. Ich sah die Bilder im Fernsehen. Ich nahm mein Mikrofon und flog nach Rom. Einfach so.

Nachtrag 2:
Die Wette über die Handküsse habe ich damals gewonnen: Weil ich Geburtstag hatte.

Kathrin Aehnlich

Jürgen Israel

GANZ ODER GAR NICHT

Dem Andenken meines Freundes
Michael Zorr (1946–2008)

DER 9. NOVEMBER 1989 gehört für mich neben dem 13. Februar 1945, dem 13. August 1961, dem 21. August 1968 und dem 11. September 2001 zu den unvergesslichen historischen Daten. Und es ist der einzige dieser Tage, die für mich mit einem glücklichen Ereignis verbunden sind.

Nie zuvor und auch später nicht haben meine Frau und ich uns so viele politische Sendungen im Fernsehen angeschaut wie in dem Dreivierteljahr vom Sommer 1989 bis ins Frühjahr 1990. Fast täglich sahen wir uns zuerst die Aktuelle Kamera des DDR-Fernsehens und danach die westliche Tagesschau an. Die Nachricht vom Rücktritt der DDR-Regierung platzte am 7. November in eine Geburtstagsfeier, und wir haben mit Freunden das Ereignis flapsig, ironisch und spöttisch bedichtet und besungen. Als wir dann am 9. November Schabowskis berühmt gewordene Meldung vernahmen, waren wir so begriffsstutzig, dass wir dachten, nun dürfe jeder DDR-Bürger „Westreisen" beantragen, ohne dass es dazu weiterhin eines herausgehobenen familiären Anlasses wie etwa des neunzigsten Geburtstages der Großmutter oder auch der Beerdigung eines Verwandten ersten Grades bedürfe. Wir waren beide erkältet und gingen deshalb ausnahmsweise früh schlafen. Als wir am nächsten Morgen das Radio einschalteten, wie immer den Deutschlandfunk aus Köln, waren wir überwältigt. Meine Frau arbeitete als Ärztin in einer Ostberliner Klinik und fuhr wie jeden Morgen zur Arbeit und würde nach dem sich unmittelbar anschließenden Nachtdienst erst am nächsten Tag wieder nach Hause kommen. Ich selbst bereitete freiberuflich die Herausgabe mehrerer Bücher vor und setzte mich an die Arbeit. Ganz kurz hatte ich erwogen, aus unserem im Berliner S-Bahn-Bereich gelegenen Vorort nach Westberlin zu fahren. Aber da ich mit der Arbeit unter Zeitdruck stand, ließ ich den Gedanken fallen.

Am Mittag kamen unsere drei Kinder aus der Schule. Die beiden Großen erklärten, sie führen sofort nach Westberlin. Unsere jüngste Tochter war gerade dreizehn geworden und besaß noch keinen Personalausweis, hätte also nicht allein nach Westberlin fahren können. Damit sie den Geschwistern nicht nachstehen müsste, fuhr ich mit ihr nach Berlin. Inzwischen war ich selbst so aufgeregt, dass ich diesen Vorwand dankbar annahm, die Arbeit liegen lassen zu können und mitzuerleben, was in Berlin geschah. Ich wusste nicht, wo es außer dem Bahnhof Friedrichstraße

Als wir nach einer Weile an der Kaiser-Wilhelm-Gedächtniskirche standen, wurde mir klar bewusst, dass etwas Unwiderrufliches geschehen war, dass es die DDR nicht mehr gab. Ich war glücklich und frei

Übergänge nach Westberlin gab, hatte im Radio von einem Übergang Bornholmer Straße gehört und steuerte den gemeinsam mit unserer Tochter an. Je näher wir dem Grenzübergang kamen, desto voller wurde die Straße. An der Grenze selbst standen wir dicht an dicht; jeder DDR-Bürger musste seinen Personalausweis vorzeigen. Als wir die Grenze passiert hatten, empfingen uns auf Westberliner Seite Menschen, die zur Begrüßung Spalier standen und klatschten. Ich hatte noch auf

Jürgen Israel

DDR-Seite einen Blumenstrauß gekauft; den schenkte ich einer Westberliner Frau meines Alters, die hinter der Mauer stand und klatschte.

Von der Geografie und den Dimensionen Westberlins hatte ich keine Vorstellung. Als wir nach einer Weile an der Kaiser-Wilhelm-Gedächtniskirche standen, wurde mir klar bewusst, dass etwas Unwiderrufliches geschehen war, dass es die DDR, die ihre Bürger ängstlich und gewaltsam festhielt, nicht mehr gab, dass wir nicht mehr festzuhalten waren. Ich war glücklich und frei.

Übrigens erschienen in der Klasse unserer jüngsten Tochter am nächsten Tag, einem Samstag, nur sieben Schüler zum Unterricht: Die anderen waren alle in Westberlin.

Wenige Tage später traf ich mich in Westberlin mit einem 1983 aus Leipzig nach Hamburg ausgereisten Freund. Wir hatten uns in der Zwischenzeit einige Male gesehen: Er war nach Leipzig zur Buchmesse gekommen; und bei einem Verwandtenbesuch im Westen, der mir gestattet worden war, hatte ich ihn besucht. Nun aber lag über unserer Begegnung eine jahrelang vermisste Leichtigkeit: Wir würden an diesem Tag so lang miteinander reden können, wie wir wollten. Ob und wann wir uns wieder treffen würden, hing nur von uns ab. Wir mussten nicht die uns zugemessene Zeit bis zum Letzten mit wichtigen Gesprächen füllen, denn wir konnten das Gespräch morgen oder übermorgen fortsetzen. Ich würde in den Briefen offen schreiben können, ohne Angst zu haben, dass sie durchschnüffelt oder gar zurückgehalten würden. Als ich dies dachte, wurde mir sogleich klar, dass es den verhassten Staat zwar noch gab, er aber ohnmächtig geworden war. Der Gedanke an nun mögliche politische Offenheit in Briefen ging ins Leere.

Bald danach fuhr ich zum ersten Mal in die Staatsbibliothek nach Westberlin. Ich war von dem Scharoun-Bau begeistert – und die Begeisterung hat angehalten. Bis heute ist der Lesesaal der Staatsbibliothek am Potsdamer Platz mein liebster Arbeitsplatz. Ich entsinne mich noch genau des Moments, als ich am Katalogkasten stand und begriff: Jetzt kann ich jedes Buch bestellen und lesen. Keiner fragt mich, wozu ich es brauche. Und wenn das Buch noch so obskur ist – es gibt keinen Menschen, der es mir verbieten kann. Und es gibt auch keinen, der es mir verbieten will. Früher hatte ich gelegentlich Bestellzettel zurückbekommen mit dem Vermerk „Nachweis für wissenschaftliche Benutzung erforderlich".

Das Glücksgefühl, in den Westteil Berlins in die Bibliothek fahren und lesen zu dürfen, was mich interessierte, dieses Glücksgefühl hat – ich übertreibe nicht – jahrelang angehalten.

Ebenfalls unvergesslich ist mir ein Augenblick auf dem Petersplatz in Rom: Angesichts seiner überwältigenden Architektur und des vorausgegangenen Besuchs mehrerer antiker Denkmäler überfielen mich mit einem Mal so tiefe Wut und Verzweiflung, dass ich stehen bleiben musste. Ich dachte, und ich dachte es so, wie ich es hier aufschreibe: Diese Schweine, sie wollten, dass ich das erst als Rentner sehen kann.

Ich hatte in Jena Altertumswissenschaften und Germanistik studiert. Ein Seminar hieß „Die Topografie des alten Rom". Dort lernten wir nach Dias und Büchern aus den 1920er Jahren. Kein Gedanke daran, die antiken Denkmäler einmal „in situ", an Ort und Stelle, zu sehen. Und nun stand ich da, Mitte vierzig, überglücklich, endlich hier sein zu können, und zugleich wütend darüber, dass ich das nicht als junger Mensch hatte erleben dürfen.

Ein ähnliches Erlebnis hatte ich wenig später, als ich an einem sonnigen Herbstmorgen in den Ruinen des Klosters Hirsau im Schwarzwald stand. Selbstverständlich kann man deutsche Sprachgeschichte sinnvoll und gründlich studieren, ohne in Hirsau gewesen zu sein, wo im 11. Jahrhundert ein berühmtes und für die Sprachentwicklung wichtiges frühmittelhochdeutsches Memento mori entstanden war, während ich andererseits fest davon überzeugt bin, dass man römische Geschichte tatsächlich weniger gut versteht, wenn man etwa nie im Forum Romanum gestanden hat. Aber der Geist des Benediktinerklosters Hirsau, von dem wichtige Reformen und geistige Anregungen ausgegangen waren, wurde für mich an jenem Morgen spürbar, und die Überlieferung erhielt ein landschaftlich und architektonisch geprägtes Aussehen.

Sowohl in Rom als auch in Hirsau ist mir das geschichtliche Wissen lebendiger und anschaulicher geworden.

Während der ersten Wochen und Monate nach dem Mauerfall haben meine Frau und ich fast alle Freunde und Verwandte getroffen, die im Westen lebten. Unsere Beziehungen bekamen wieder oder auch erstmals Normalität und verloren ihre Einseitigkeit: Wir hatten sie zwar zu uns in die DDR einladen können, und sie waren auch gekommen, aber wir konnten ihren Einladungen mit ganz wenigen Ausnahmen nie folgen. Nun lernten wir uns auch in alltäglichen Situationen kennen, nun waren die Treffen nicht mehr so mit Bedeutung aufgeladen.

Jetzt kann ich jedes Buch bestellen und lesen. Keiner fragt mich, wozu ich es brauche. Und wenn das Buch noch so obskur ist – es gibt keinen Menschen, der es mir verbieten kann

Wir haben durch den Mauerfall und die Möglichkeit normalen Umgangs miteinander keine Freunde im Westen verloren, sondern bald neue gewonnen.

Geändert hat sich das Verhältnis zu einigen Freunden im Osten: In der DDR waren wir uns einig in der Ablehnung des diktatorischen Systems. Spätestens vor den Volkskammerwahlen im März 1990 stellte sich heraus, dass es auch unter den vertrautesten Freunden große politische Unterschiede gab. Ich habe noch im Herbst 1989 in Ostberlin die Grüne Partei der DDR mitgegründet, während sich andere Freunde sehr schnell der CDU anschlossen. Wir hatten uns wenig klare Gedanken über mögliche Alternativen zur DDR-Gesellschaftsordnung ge-

40

macht. Das zeigt, für wie festgefahren wir dieses System hielten. Es gab jedoch auch andere Freundeskreise und Gruppen, die Überlegungen anstellten, wie es nach einem Ende der DDR weitergehen könnte. Dazu gehörte ich nicht.

Mein Leben hat sich nicht dadurch geändert, dass ich ab Oktober 1990 in einem geeinten Deutschland, sondern dass ich in einem demokratischen Staat lebe. Ich hätte es auch in einer wirklich demokratischen DDR ausgehalten: Aber dann hätte es keinen zwingenden Grund für die Existenz zweier demokratischer deutscher Staaten gegeben.

Eine persönliche Bitterkeit ist für mich mit dem Mauerfall allerdings auch verbunden: Nicht nur die Buchprojekte, deretwegen ich am 10. November 1989 meinte, die Zeit für eine Fahrt nach Westberlin nicht erübrigen zu können, sind innerhalb der nächsten Monate von den Verlagen aufgegeben worden, sondern auch von den bereits sich in der Herstellung befindlichen oder vollständig ausgedruckten Büchern sind nur noch drei erschienen. Die DDR-Verlage, für die ich hauptsächlich gearbeitet hatte, der katholische St. Benno-Verlag Leipzig und der volkseigene Hinstorff-Verlag Rostock, stellten ihr Programm völlig um und verloren an Bedeutung. Bei den langen Herstellungszeiten in der DDR-Polygrafie habe ich wohl drei Jahre im doppelten Sinne umsonst gearbeitet: Die Bücher sind nicht erschienen, und ich habe kein Geld für die Arbeit bekommen. Das Manuskript einer Erzählung (ein Original und drei Schreibmaschinendurchschläge) landete, ohne dass ich von einem Verlagsmitarbeiter benachrichtigt worden wäre, im Altpapier. Ich selbst besaß und besitze den Text nicht mehr. Auch von den anderen Büchern, die bereits ausgedruckt waren, besitze ich außer den wertlos gewordenen Verlagsverträgen nichts mehr: In dem Augenblick, in dem ich die Druckfahnen korrigiert hatte, warf ich, um nicht im Papier zu ersticken, die maschinegeschriebenen Manuskripte weg.

41

Überhaupt hatte ich bald kaum noch Aufträge. Ich schrieb für Zeitungen und Zeitschriften, aber das war viel zu wenig; und ich meldete mich arbeitslos. Zwar erhielt ich kein Arbeitslosengeld, da ich als Freiberufler kein Anrecht darauf erworben hatte, aber ich brauchte wenigstens die Sozialabgaben nicht mehr zu zahlen. Und dann bekam ich völlig überraschend Ende 1990 den Auftrag, ein Buch über die Kirche in der DDR als Schutzraum der Opposition herauszugeben. Damit fühlte ich mich zwar noch nicht in den gesamtdeutschen Verlags- und Pressebetrieb einbezogen, aber es war ein Anfang. Und noch dazu mit einem Thema, das meine Frau und mich persönlich anging.

Trotz aller Schwierigkeiten habe ich mir die DDR nie zurückgewünscht. Ich habe auch in den Zeiten, da ich wenige Aufträge hatte, gelesen, geschrieben und mich ehrenamtlich betätigt. Mir war stets bewusst, dass dies Schwierigkeiten sind, die einem „normalen" Leben geschuldet sind. Die angebliche Sicherheit in der DDR basierte im Tiefsten auf Unwahrheit. Die DDR ist nach meiner Überzeugung nicht nur an einem falschen Menschenbild gescheitert, sondern auch an ökonomischen Lügen.

Zum Schluss will ich noch von einer Erfahrung reden, die ich nicht für möglich gehalten hatte: Mitte der 1990er Jahre schrieb ich einen Aufsatz über das Verhältnis von Kunst und Kirche. Darin stellte ich eine gewagte These auf. Als ich sie formulierte, kam mir unwillkürlich der Gedanke, damit mache ich mich angreifbar.

Ich hatte, so mein Eindruck, zum ersten Mal ein gesellschaftliches Problem gründlich bis zu Ende durchdacht. Der ständige Gedanke an die Zensur, die alles zu Druckende überwachte (und dabei notwendigerweise gelegentlich lächerliche Verbote erließ und alberne Forderungen stellte), hatte bei mir, und ich spreche nur von mir, dazu geführt, dass ich auch in „unpolitischen" Bereichen nicht radikal dachte.

Ein in die Bundesrepublik geflohener Freund hat mir, nachdem er schon einige Jahre im Westen gelebt hatte, 1979 gesagt: „Du wirst nie an deine Grenzen kommen." Ich wusste sofort, dass es stimmt; aber ich wollte es nicht wahrhaben. Und nun, ungefähr 25 Jahre danach, wurde ich mir in dem Augenblick, da ich diese Begrenzung überwand, ihrer Wirkmächtigkeit bewusst.

Ich will damit die in der DDR entstandenen Texte nicht denunzieren. Wenn ich gelegentlich Sachen wieder lese, die ich damals geschrieben habe, denke ich: Ich muss mich nicht schämen. Aber die Freiheit und die Radikalität des Denkens lassen sich nicht auf bestimmte Gegenstände beschränken. Sie bestimmen das Denken ganz oder gar nicht.

Wolf Schneider

NEUE SCHÜLER

EINE WOCHE VOR dem Fall der Mauer habe ich eine gläubige junge Kommunistin vor Verzweiflung weinen sehen. 2. November 1989: Mit den 18 Schülern des 10. Lehrgangs der Hamburger Journalistenschule war ich zu Gast in der „Akademie für Staats- und Rechtswissenschaften der DDR" in Ostberlin, eingeladen vom Leiter des dortigen Lehrstuhls für Kommunikation, Dr. Heinz Odermann, mit dem ich 1985 einen alljährlich wechselnden Besuch vereinbart hatte.

Wie denn die Fernsehberichte aus Prag auf sie gewirkt hätten, fragten meine Schüler Odermanns Studenten – die Bilder vom Ansturm der Ostdeutschen auf die westdeutsche Botschaft, von den Müttern, die ihre Kinder weinend hochstemmten, um sie über den Zaun zu schieben? Die meisten Ostberliner schwiegen betreten. Eine Studentin aber schluchzte auf und stammelte: „Wir haben doch das Beste gewollt" und „Soll denn alles umsonst gewesen sein?"

Die Hamburger Schüler, überwiegend Akademiker Ende zwanzig, waren auch nicht alle glücklich, dass die DDR offensichtlich dem Zusammenbruch entgegentrieb: Etliche hatten diesen Staat gelobt – als einen (wiewohl unvollkommenen) Gegenentwurf zum westlichen Kapitalismus; ja von der menschlichen Nähe, die dort herrsche, schwärmten sie geradezu. (Ach ja, Nähe!, hielt ich ihnen entgegen: Die kennte ich noch aus dem Luftschutzkeller, in der Not rückten die Menschen immer zusammen, und deswegen hielte ich bloße „Nähe" für ein schlechtes Signal.)

Zu Hause und im Freundeskreis dominierten ungläubiges Staunen und wachsende Begeisterung über das, was da geschah, seit Ungarn am 10. September die Grenze nach Österreich förmlich geöffnet hatte – am 7. Oktober untermischt fast mit einer Art Mitleid für die Marschierer, die der sterbenden DDR zu ihrem vierzigsten Geburtstag gratulieren mussten. 17. Oktober: Honecker gestürzt! Durfte man nun hoffen, dass aus der Ostzone (so nannten wir sie unverdrossen) ein zweites Österreich würde, Deutsche in einem anderen freien Land, Dresden uns so nahe gerückt wie Wien? Noch weiter dachte in meiner Umgebung keiner, ich selbst sah auch keinen Grund dafür.

Am Abend des 9. November klingeln in Deutschland millionenfach die Telefone wie zuletzt im November 1963 mit dem Schreckensruf „Kennedy ermordet!": Habt ihr das Fernsehen an? Loch in der Mauer, Trabbis auf dem Kurfürstendamm, Verbrüderung! Meine Frau, gebürtige Berlinerin, und ich, in Berlin aufgewachsen und von Berlin geprägt, starren und heulen – rasch eine Videokassette eingelegt, damit wir's später auch noch glauben!

Am Abend des 10. November stößt Willy Brandt sogar das Tor ein bisschen auf: „Wir sind jetzt in der Situation", sagt er vor dem Schöneberger Rathaus, „wo wieder zusammenwächst, was zusammengehört." Erst allmählich dämmert uns: Hat er mit dem Zusammenwachsen eine Wiedervereinigung ins Spiel gebracht? Dass die kommen könnte, glauben noch die wenigsten, viele Westdeutsche finden sie auch nicht dringend, und Theo Sommer, Chefredakteur der *Zeit*, hat noch im Juni geschrieben:

45

„Wer heute das Gerippe der deutschen Einheit aus dem Schrank holt, kann alle anderen nur in Angst und Schrecken versetzen."

Doch dann, schon am 28. November, das Zehn-Punkte-Programm, das Helmut Kohl im Bundestag einer verblüfften Welt verkündet – Punkt 5: „konföderative Strukturen, mit dem Ziel, eine bundesstaatliche Ordnung in Deutschland zu schaffen". Ein solches „Zusammenwachsen" (das Wort Willy Brandts) liege in der Kontinuität der deutschen Geschichte. „Wie ein wiedervereinigtes Deutschland schließlich aussehen wird, weiß heute niemand." Ein wiedervereinigtes! Europa zuckt zusammen. Die britische Premierministerin Margaret Thatcher erklärt, über Grenzänderungen in Europa könne man in zehn oder fünfzehn Jahren diskutieren.

Sechs Tage nach Kohls Vorstoß, am 4. Dezember, entfaltet sich auf den Leipziger „Montagsdemonstrationen", die seit September mit Transparenten wie „Wir sind das Volk" zum Zusammenbruch der DDR beigetragen haben, die nächste Sensation: „Wir sind ein Volk!" halten sie den Fernsehkameras entgegen – der Ton ist vom *Wir* auf das *ein* verlagert, „Wiedervereinigung ja!" kommt noch hinzu. Wenn die es wollen – sollen wir denen wirklich den Weg verbauen, indem wir uns mit einer Österreich-Lösung zufriedengeben?

Unter Journalisten geht der Spruch um: „Wir leben in einer Zeit, in der einem das Wort im Munde veraltet." Westdeutschlands Zeitungen sehen sich jäh von ihrem Standardproblem befreit, in jeder Woche genau sechs Ereignisse zu finden, die einen Aufmacher wert sind – Deutschland liefert Schlagzeilen im Überfluss! Schlechte Zeiten für Gewerkschaftsforderungen und Umweltskandale: Auf Seite 1 haben sie monatelang keine Chance mehr. (Ich archiviere das als Beleg für meinen Verdacht: Jeden sogenannten Umweltskandal sollten wir darauf abklopfen, ob er vielleicht nur deshalb einer ist, weil gerade keine Mauer gefallen war.)

Am 20. Dezember macht der französische Staatspräsident François Mitterrand der DDR einen „Staatsbesuch" – welcher

DDR? Fünf Abkommen über politische, wirtschaftliche und kulturelle Zusammenarbeit bis 1994 unterzeichnet er, offenbar eine Strafexpedition gegen Helmut Kohls Zehn-Punkte-Plan. Ein Journalistenschüler weist in der Morgenkonferenz auf den französischen Ministerpräsidenten Georges Clemenceau hin, der 1918 sagte: „Es gibt 20 Millionen Deutsche zu viel auf der Welt." Die DDR habe solchen Franzosen ihren Herzenswunsch erfüllt – und nun sollten sie die Wiedervereinigung akzeptieren? Überwiegende Meinung: Das tun die nie!

Am 25. Dezember, dem ersten Weihnachtsfeiertag, unternehmen meine Frau und ich einen Tagesausflug nach Berlin, via Tempelhof – aus überwältigender Neugier und zu dem ausdrücklichen Zweck, durch unser Brandenburger Tor zu schreiten, zweimal, dreimal. Drei Tage zuvor ist hier das letzte Stück der Mauer gefallen, eine Grenze mit Posten gibt es noch, aber die tun nichts, als sich im Gedränge zu behaupten. Den Kaffee nehmen wir im Grand Hotel Unter den Linden. Zum ersten Mal in 44 Jahren bin ich freiwillig „drüben"; bis vor kurzem hatten die allgegenwärtigen Uniformen der Volkspolizei und der Nationalen Volksarmee mir Angst gemacht – zu lebendig war meine Erinnerung an die der „Feldgendarmen" in den letzten Monaten des Krieges. Ja, es gibt Fortschritt auf Erden! Und ich will meinen Beitrag dazu leisten.

Zwei Tage später, am 27. Dezember 1989, erscheint in mehreren großen Zeitungen der DDR eine viertelseitige Anzeige: „Orientierung über den Journalismus in der Bundesrepublik – ein Angebot der Hamburger Journalistenschule", gerichtet an ostdeutsche Journalisten der Geburtsjahrgänge 1955 bis 1965, zu dem Zweck, „die Teilnehmer mit westdeutschen Redaktionssitten und technischen Standards bekannt zu machen". Fünf Wochen, kostenlos, mit einer Unterhaltspauschale; bitte Lebenslauf und drei Arbeitsproben. Hunderte von Bewerbungen gehen ein.

In der Silvester-Ausgabe des großen Jahres 1989 warnt die *Zeit* noch einmal vor der Vereinigung – nur „einigen" sollten sich die Deutschen. Im *Spiegel* dagegen beginnt Rudolf Augstein, offen für die Wiedervereinigung zu plädieren; viele Kollegen vom *Spiegel* stöhnen.

Am 18. März 1990 finden in der DDR die ersten und letzten freien Wahlen statt – ganze 16,3 Prozent für die PDS! Dass der gewählte Ministerpräsident Lothar de Maizière erklärt, die DDR solle sich der Bundesrepublik einfach eingliedern, erstaunt uns nur noch wenig, und in meinem privaten Umfeld sind nun alle auch dafür.

Am 23. April 1990 die „Akademie für Gesellschaftswissenschaften beim ZK der SED" zu betreten am Gendarmenmarkt in Ostberlin – das ist desto mehr ein komisches Gefühl. In den dort von uns gemieteten Räumen begrüße ich die 20 jungen ostdeutschen Journalisten, die wir ausgewählt haben. Der Pförtner erträgt uns gefasst, die dunkelgrün gestrichenen Korridore bleiben fast gespenstisch leer.

„So machen wir das im Westen", ist der Tenor des Seminars. „Das solltet ihr wissen. Ihr müsst es wissen, wenn ihr im Westen Chancen haben wollt, und vielleicht gefällt es euch ja." Laut, fröhlich und kritisch geht es in diesen fünf Wochen zu. Von dem Klima am Gendarmenmarkt beflügelt, bietet die Schule für den Juni einen zweiten Lehrgang an, nun in Hamburg,

Habt ihr das Fernsehen an? Loch in der Mauer, Trabbis auf dem Kurfürstendamm, Verbrüderung!

und zusammen mit der *Frankfurter Rundschau* in Schildow bei Berlin mehrere Jahre lang Fortbildungskurse für junge Ostjournalisten (in einem ehemaligen Erholungsheim der Stasi). Für die Standard-Lehrgänge an der Hamburger Journalistenschule bekommen ostdeutsche Bewerber fünf Jahre lang einen Bonus.

28. Juni 1990: Der *Stern* verblüfft uns mit einer zugespitzten Selbstkritik aus der Feder seines vormaligen Chefredakteurs Klaus Liedtke. „Wenn die DDR schon länger so schlimm war, wie sie nun dasteht", schreibt er, „warum hat es der sogenannte kritische Teil der Öffentlichkeit der BRD erst so spät gemerkt? Wie konnten in einer Zeit, die sich das Informationszeitalter

48

nennt, so viele so lange die Ruine für ein stabiles Gebilde halten? Warum haben wir, dieses Blatt eingeschlossen, mit dem, was dort geschah, nicht einmal als entfernte Möglichkeit gerechnet?" Natürlich hätten die Menschenrechte in der DDR mit der gleichen Radikalität eingeklagt werden müssen wie in Chile, Südafrika und Israel, fährt Liedtke fort, aber die westdeutschen Intellektuellen seien „nachsichtig" und viele Journalisten „milde" gewesen: „Konnte nicht Kritik an den Verhältnissen da drüben als Identifizierung mit unserer Ellenbogengesellschaft missdeutet werden? Intellektuelle sangen sich die DDR schön." Ich lese das lieber als die Mehrzahl meiner Schüler und viele *Stern*-Kollegen.

Juli 1990: Im Kaukasus gibt Michail Gorbatschow den Weg zur Wiedervereinigung, ja sogar zum Eintritt des ganzen Deutschland in die Nato frei. Wir glauben es nicht. Wir fühlen uns wie die Sieger einer Fußballweltmeisterschaft. Allmählich wird uns klar, dass die Ehre dafür nicht nur Helmut Kohl gebührt, sondern ebenso dem Geschick Hans-Dietrich Genschers im Umgang mit den misstrauischen Verbündeten und der klaren Unterstützung durch den amerikanischen Präsidenten George Bush (dem Vater, dem ohne das W darin). Mindestens ein Verdienst aber hat Helmut Kohl allein: die misstrauischen Nachbarn im Westen davon überzeugt zu haben, dass das vergrößerte Deutschland voll in die EU integriert bleiben und niemanden bedrohen werde. Dass ein Staatsmann solches wiederholt versichert, besagt ja zunächst wenig – glauben muss man ihm, und das hat Kohl geschafft. Ich nehme ihm sogar ab, dass seine Prognose von den „blühenden Landschaften" in Ostdeutschland (im Februar 1990 in Erfurt aufgestellt) nur ein Irrtum war und nicht die taktische Lüge, die zum politischen Alltag gehört.

Fast alle haben wir ja die wirtschaftlichen, dann die menschlichen Probleme der Wiedervereinigung unterschätzt. Wer 44 Jahre lang unter strikter Diktatur gelebt hat, der ist geprägt: Er hat sich daran gewöhnt, den Mund zu halten, sich in einer

49

Nische wohnlich einzurichten und von den Vorzügen zu profitieren – Berechenbarkeit, keine Hektik, wenig Verantwortung, wenig Plage.

Wie jenes Ehepaar in Erfurt, das ein paar Journalistenschüler und mich Ende Oktober 1989 in seine überheizte Mansardenwohnung eingeladen hatte. Mit Pfefferminztee und Wodka wurden wir bewirtet, es regnete, und als es durchs Dach zu tropfen begann, stellte die Frau fröhlich einen bereitstehenden Eimer darunter. Ja, das Dach sei undicht, sagte sie, Handwerker kriege man schwer, und wenn es gießt, müssten sie sogar drei Eimer aufstellen und die alle paar Stunden leeren. Aber das sei gar kein Problem in ihrem Betrieb: Dann dürfe sie eben alle drei Stunden mal nach Hause gehen. (Ein relatives Glück, wie man es im Kapitalismus in der Tat nicht haben kann.)

Eine andere denkwürdige Lehre wurde mir im März 1991 zuteil: Da hatte Gruner + Jahr den Berliner Verlag gekauft, in dem die *Berliner Zeitung,* mehrere Zeitschriften und die *Wochenpost* erschienen – dies die führende Wochenzeitung der DDR: Politik, Geschichte, Literatur und drei Seiten Rätsel. Ich wurde zu einer Blattkritik – ich weiß nicht mehr: entsandt oder eingeladen; jedenfalls fühlte ich mich beauftragt, das etwas altväterliche Blatt näher an die neue Zeit heranzuführen. Aber das war hoffnungslos und schon im Ansatz falsch.

In der Redaktion der *Wochenpost* dominierten Männer über fünfzig, alle mit Krawatte, vorsichtig argumentierend in gepflegtem Deutsch – Vertreter eines klassischen Bildungsbürgertums, das sich über die DDR hinweggerettet und in dieser Redaktion versammelt hatte, anderen überlebenden Bürgern zum Trost. Ihnen versuchte ich nahezubringen, dass es ihren Texten an Klarheit fehle, von Farbigkeit, Süffigkeit zu schweigen; nach Lektüre des ersten Absatzes ihrer Artikel noch Appetit auch nur auf den zweiten Absatz zu haben, sei nicht leicht – und stehe nicht hier, fast am Schluss, jener Gedanke, mit dem man hätte beginnen können, ja müssen, wenn man Leser fesseln will?

Mühsam, ungern begriffen sie, was ich meinte, und ähnlich ich, was sie mir vorsichtig entgegenhielten: Wir haben unseren Lesern das gerade noch erlaubte Quantum an intellektuellem Anspruch und bourgeoiser Behaglichkeit ins Haus geliefert; der Marxismus trat nur in jenen zarten Dosen in Erscheinung, die für die Duldung durch die SED erforderlich war; und wenn wir im achten Absatz unsere Kritik am System durchscheinen lassen konnten, dann empfanden wir jene Genugtuung, die uns mit unserem Beruf und der DDR versöhnte. Marxistische Gedanken aber könne ich jetzt doch nicht mehr finden? So sprachen sie.

Nein – nur das mit dem achten Absatz irritierte mich. Nun hätten sie die Freiheit, klar zu sagen, worauf es ankam, damit es möglichst vielen Lesern schmecke! Doch eben dies wollten sie nicht, wahrscheinlich hätten sie's auch nicht gekonnt; und ihren angestammten Lesern gegenüber hatten sie damit recht. Die hassten ja alles, was nach Marktgeschrei klang, schon allzu viel Offensichtlichkeit irritierte sie, und von der schrillen Werbung, die ihnen aus den neuen Westprodukten entgegensprang, waren sie geradezu angewidert (was sich auch unter weniger gebildeten Lesern als Problem erwies und zum Misserfolg des *Sterns* im Osten beitrug). Ihr behäbiges Blatt wollten sie behalten, so, wie es war. Die *Wochenpost* konnte also nur sterben: zusammen mit ihren treuen Lesern, wenn sie so blieb, oder ohne diese, wenn man sie änderte. Gruner + Jahr veränderte sie, verkaufte sie 1995, und 1996 war sie tot.

Bilanz? 44 Jahre Abschnürung und Bevormundung schlagen der Wirtschaft und den Menschen Wunden, für deren Heilung 20 Jahre offenbar nicht reichen. Sehr viele „Ossis" sind noch nicht im Westen angekommen; sie bleiben Stalins, Ulbrichts, Honeckers traurige Opfer. Einem Wessi aber, der schon die Hitler-Diktatur überlebt hat, bleibt die Genugtuung, dass die Weltgeschichte sich hin und wieder auch zum Besseren wendet, und das große Gefühl, wie Goethe es bei Valmy kundtat: Ich bin dabei gewesen.

Klaus Modick

MAIN ODER ODER

NICHT ALLE LIEBTEN die Engländer, die sich in meiner Kindheit als Besatzungstruppen in unserer Stadt aufhielten, doch
war man sich darüber einig, dass sie uns vorm Bolschewismus
beschützten. Unter dem konnte ich mir allerdings ebenso wenig vorstellen wie unter dem ominösen Eisernen Vorhang, den,
so viel war immerhin klar, wenn ich sah, wie mühevoll meine
Mutter Vorhänge zum Waschen abnahm, einige äußerst starke
Männer aufgehängt haben mussten. Wie auch immer: Meine
Eltern fühlten sich offenbar bedroht, von Castro und Kuba zum
Beispiel, aber das klang für mich eher wie Gagarin mit seinem
Sputnik oder Makkaroni. Nur Bolschewismus und Chrustschow
hörte sich irgendwie so an, als ob da der Spaß aufhörte.

Im Winter war der Kalte Krieg natürlich immer besonders
frostig. Heiligabend stellten wir, wie alle Nachbarn auch (selbst
die machten mit, die „drüben" gar keine Verwandten hatten – es
gehörte sich einfach so), Kerzen in die Fenster, Haushaltsker-
zen aus Stearin, und wer wollte, konnte in den Flammen die
Gesichter „seiner Lieben drüben" erkennen. Drüben war da, wo

der Eiserne Vorhang hing und neulich auch von einem Schurken namens Ulbricht eine Mauer gebaut worden war. Ich bezweifelte allerdings heftig, ob Tante Hertha in Dresden, für die wir unsere Kerzen anzündeten, sie von da drüben überhaupt sehen konnte. Vielleicht aber doch, denn erstaunlicherweise schickte sie als Dank regelmäßig holzgeschnitzte Figuren, einmal sogar einen Rauschgoldengel (an dem ein Schildchen mit der Aufschrift „Jahresendfigur" befestigt war), aus VEB-Betrieben des Erzgebirges. Und dafür bekam sie dann im Gegenzug Kaffee, Kakao und Nylonstrümpfe von uns.

Nur unseren Eichhörnchen-Vorrat für den Katastrophenfall behielt meine Mutter eifersüchtig unter Verschluss: Dauerwurst, Nudeln, halt alles, was sich hielt, dazu Kerzen und Streichhölzer, falls der Strom ausfiel. Und Heftpflaster, falls während des Dritten Weltkriegs mal einer von uns krank werden sollte oder sich nicht im richtigen Moment die vorm Atomblitz schützende Aktentasche über den Kopf gelegt hätte. Wie der Dritte Weltkrieg aussehen würde, konnte ich mir lebhaft vorstellen, seitdem mich meine Eltern eines Nachts aus dem Bett geholt hatten, weil sich aus unserem Küchenfenster ein makaberes Schauspiel bot. Der Nachthimmel im Osten war blutrot, und manchmal zuckten raketengleiche Explosionen ins Dunkel hinauf. Natürlich waren die Sowjets nicht über ihre blöde Mauer geklettert und bei uns einmarschiert, sondern es brannten lediglich Lagerhallen der Speditionsfirma Wilhelm Diebold & Sohn. Die Explosionen stammten nicht von Stalinorgeln, sondern von hochgehenden Propangasflaschen. Leider wurde mein Wunsch nicht Wirklichkeit, die direkt daneben liegende Schule möge gleich mit abbrennen.

Noch Anfang der fünfziger Jahre, als das Speditionsgeschäft hartes Brot war, war der alte Diebold mit seinem von einem müden Gaul gezogenen Wagen durch die Straßen unserer Nachbarschaft geschlurft. Zum scharfen Knallen der Hufe auf dem Blaubasalt des Pflasters sang der Alte seine Litanei: Lumpen, Alteisen, Papier. Wenn er Glück hatte, wurde tatsächlich auch das eine oder andere aus Kellern und Speichern auf seinen Wagen geworfen – und wenn wir Glück hatten, ließ das Pferd vor unserem Haus ein paar Äpfel fallen. Meine Großmutter sammelte sie nämlich mit dem Kehrblech auf und schwor, dass das der beste Gartendünger sei, den man sich vorstellen könne. Bescheidener konnte es drüben eigentlich auch nicht zugehen. Und als sich eines Tages herausstellte, dass es sich beim Brand der Firma Diebold nur um schnöde Brandstiftung und Versicherungsbetrug gehandelt hatte, da verloren für mich Dritter Weltkrieg, Eiserner Vorhang und Ulbrichts Mauer deutlich an Schrecken.

Im fünfundvierzigjährigen Frieden des Kalten Kriegs hatte für überzeugte Westmenschen wie mich Frankfurt immer und ausschließlich am Main gelegen. Dass es auch noch ein Frankfurt an der Oder geben sollte, hatte man vielleicht mal ungläubig staunend im Geografieunterricht der gymnasialen Unterstufe raunen hören, aber das lag damit jenseits der Mauer und also im fernsten Osten, ferner als Timbuktu oder Kalkutta am Ganges. Erst als die verblühten Landschaften mit Gebrauchtwagen, Bananen und harter D-Mark zum Beitritt in die grenzenlose Freiheit der BRD geködert worden waren, tauchte auch dies zweite Frankfurt als irgendwie real existierende Stadt aus den Braunkohleschwaden der DDR auf. Und seitdem sagt unsereiner eben immer artig „am Main", meint er Frankfurt. Frankfurt an der Oder meint man ja nie und will da auch gar nicht hin.

Nur unseren Eichhörnchen-Vorrat für den Katastrophenfall behielt meine Mutter eifersüchtig unter Verschluss: Dauerwurst, Nudeln, halt alles, was sich hielt

Hier ahnt man vielleicht schon, dass mir das als „Vereinigung" oder gar „Wiedervereinigung" verkaufte, mit in alle Ewigkeit gültigen Solidaritätszuschlägen teuer und immer teurer erkaufte Deutsch-Deutschtum keine echte Herzensangelegenheit ist, und ich bin auch grundsätzlich weit davon entfernt, aus meiner Mördergrube ein Herz zu machen. Ich meine, wenn da je etwas zusammenwachsen sollte, was angeblich zusammengehört, müssten doch auch Eupen, Malmedy, Nordschleswig, Mallorca und womöglich Sansibar und Samoa mitwachsen und endlich mal an einschlägigen runden Tischen über den Beitritt ins BRD-Paradies verhandeln.

Gleichwohl muss ich gestehen, dass selbst ich radikaler Nationaleinheitsverweigerer mir in den ersten Tagen der großdeutschen Besoffenheit gewisse Hoffnungen, also Illusionen, hatte einflößen lassen, und zwar durch Ralf Scholz, seinerzeit noch Lektor beim Strohbold Verlag, inzwischen Verlagsleiter bei Lindbrunn, meinem jetzigen Stammverlag in Frankfurt AM MAIN. Die DDR, hatte Scholz nämlich erwartungstrunken prognostiziert, sei ein, wenn nicht gar das klassische Leseland, und durch den Beitritt erweitere sich der literarische Markt schlagartig um zirka 16 Millionen lesewütige Büchernarren. Die Auflagen literarischer Titel würden also zwangsläufig in die Höhe schnellen, weshalb der Verlag in naseweiser Voraussicht bereits enorme Posten Papier vorbestellte, sich jede Menge Druckereikapazität sicherte und in der Euphorie sich nicht einmal lumpen ließ, mir endlich einen halbwegs fairen Vorschuss auf meinen damals entstehenden Roman „Letzte Siesta" einzuräumen. Im Gegenzug verpflichtete ich mich dazu, „Mauerfall, Wiedervereinigung, die deutsche Frage, irgendetwas in der Art" (O-Ton Scholz) in den Text einzubauen, was ich dann auch mit folgendem Satz halbwegs souverän erledigte: „Als ich mich im Morgengrauen des dritten Oktobers der italienischen Grenze näherte, dämmerte mir, dass ich mein Land an einem Datum hinter mir ließ, das besser nicht hätte gewählt sein können."

Inzwischen war freilich auch das böse Erwachen heraufgedämmert, dass die verbliebenen Bewohner des verheißungsvollen Leselands ihre literarische Identität eher an *BILD* und *Super Illu* statt an schöngeistigen Erzeugnissen herausBILDeten. Und als ich eines Tages die notorischen Klassikerausgaben des Aufbau Verlags bei Ikea in Billy-Bücherregalen entdeckte, wo sie als Dekomaterial die vermutlich viel teureren Blindbände ablösten, war die bittere, gesamtdeutsche Wahrheit ans Licht

55

gekommen. Fast schon überflüssig, wenn ich in eigener Sache noch anmerke, dass der östlichste Punkt, den ich auf meinen Lesereisen bislang erreicht habe, das Literaturhaus in Westberlin ist und die Verkaufszahlen meiner Werke in jenen düsteren Landstrichen noch mieser sind als in Eupen und Malmedy. Nicht einmal Tante Hertha von drüben, die damals immer Nylonstrümpfe und Kaffee bekam, hat sich je eins meiner Bücher gekauft.

Henning Scherf

GLÜCKLICH GEMISCHT

IN BREMEN GEBOREN, in Bremen aufgewachsen, ohne Verwandte im Osten, war für mich alles, was dort passierte, in den ersten Nachkriegsjahren weit weg.

Erst nach der Gründung von BRD und DDR wurde mir Schritt für Schritt klar, dass sich diese Teile des sowohl innerlich wie äußerlich durch die Nazis und den Krieg verwüsteten Landes auseinanderbewegten. Über meine Kirchengemeinde St. Stephani, die in Bremen die Bekennende Kirche vertrat, habe ich versucht, Gesamtdeutsch zu lernen. Das blieb aber bis auf einen Kirchentagsbesuch in Leipzig abstrakt. Praktisch stabilisierten sich die „Adenauer BRD" und die „Ulbricht DDR" durch gegenseitige Feindschaft. Daran wollte ich mich nicht beteiligen und verweigerte den Kriegsdienst.

1959/1960 studierte ich in Westberlin an der FU – damals noch ohne Mauer. Bei häufigen Besuchen in Ostberlin entdeckte ich, dass es zwei deutsche Gesellschaften gab. Die Theater und Opern in Ostberlin zogen mich an. Im Gegensatz zu den Westberliner Programmen konnte ich mir die Eintrittskarten mit meinem schmalen Budget leisten. Der Bremer Kleinbürgerjunge lernte viel bei den oft hervorragenden Ostberliner Inszenierungen.

An der Humboldt-Universität ging es wesentlich rüder zu: Meine wenigen Besuche in den Vorlesungen haben mich schnell wieder zurück in die FU getrieben. Selbst so prominente Professoren wie Jürgen Kuczinsky hielten ihr Kolleg wie Propagandaveranstaltungen. Wahrscheinlich saßen zwischen den Studenten jede Menge Kontrolleure, um dafür zu sorgen, dass bei diesen Veranstaltungen die Parteilinie nicht verlassen wurde. Bei den wenigen Theologen, die ich in den Vorlesungen erlebte, spürte ich deutlich deren Angst, etwas Verdächtiges zu sagen. Ganz anders ging es in der Studentengemeinde zu. In Ostberlin gab es nicht den Wettlauf „Wer ist der Linkeste im Lande?" Dort habe ich viel Nachdenkliches gehört, und die Predigten von Präses Scharf bleiben mir unvergessen.

Seit diesen zwei Berliner Semestern denke ich gesamtdeutsch. Es gab und es gibt die zwei Ansichten. Dies zusammenzuhalten, anstatt Feindbilder zu pflegen – das wollte ich mit meinem bescheidenen Handeln versuchen. Ich habe immer wieder Freunde und die Familie meiner Frau, deren Mutter aus Ilmenau stammt, besucht. Sie durften nicht reisen – also sind wir zu ihnen gefahren.

In Leipzig habe ich 1960 mit meinem Freund Hans Bosse an mehreren Treffen teilgenommen, die wegen der Verhaftung des Studentenpfarrers Schmutzler von seiner Studentengemeinde gesamtdeutsch organisiert waren. Wir beide haben damals auch Emil Fuchs, den marxistischen Theologieprofessor und Vater von Klaus Fuchs, besucht. Wir wussten, dass er in Leipzig lebt, und haben in seinem Studierzimmer lang mit ihm gesprochen. Er hatte sich vor den Nazis durch Emigration gerettet, war aber sofort wieder zurückgekehrt und versuchte mehr als den späteren Balanceakt der Kirchenoberen, der als Kirche im Sozialismus bekannt geworden ist. Er wollte Jesus zum ersten Revolutionär der Menschheitsgeschichte umdenken und ihn

58

als eine Art Vorläufer des Kommunismus feiern. Seine Bücher lesen sich heute so unverständlich wie viele theoretische Texte der 68er-Bewegung.

Seit dieser Zeit bin ich mit Gottfried Gränitz, dem späteren Dresdener Pastor, befreundet. Solange die Mauer uns nicht trennte, haben wir uns in Berlin getroffen. Nach der Wende habe ich ihn einmal zur Jahreskonferenz der Justizminister, die in Dresden tagte, mitgenommen. Bei dem großen Aufgebot an Ministern, Staatssekretären und Referenten waren er und Steffen Heitmann, der damalige sächsische Justizminister, die einzigen Ossis. Beide kannten sich aus ihren kirchlichen Ämtern in der DDR. Nie mehr ist mir die West-Dominanz nach der Wiedervereinigung so sichtbar gewesen wie gerade bei diesem Treffen.

Während der Tage mit der Leipziger Studentengemeinde damals hatte ich einen heftigen Streit mit der Stasi, weil sie mir nicht erlauben wollten, Buchenwald zu besuchen. Ich habe sie nur mit der Drohung, das öffentlich zu machen, nach zweistündigem Verhör zum Einlenken bewegen können. Das KZ war noch nicht abgeräumt, und ich bekam eine Ahnung davon – wie über die Publizisten Eugen Kogon und François Bondy mir vermittelt –, dass weder über die Nazi-KZ-Zeit, noch über die spätere Nutzung durch die Sowjets jemals Gras wachsen kann.

In den früheren 6oer Jahren bin ich bei einem Verwandtenbesuch in Martinroda/Thüringen über den Onkel meiner Frau, Kurt Voigt, zu einer Versammlung der noch lebenden Sozialdemokraten eingeladen worden. Die alten Männer wollten mit mir auf dem Friedhof reden, weil man dort nicht abgehört und bespitzelt werden konnte. Dort haben wir auf den Grabsteinen gesessen. Sie zeigten mir ihre alten Parteibücher aus der Weimarer Zeit und erzählten, wie die Zwangsvereinigung durchgesetzt worden war. Ihre Hoffnung war die damals noch gar nicht ausformulierte Ostpolitik Willy Brandts. Dass „Wandel durch Annäherung" möglich werden könnte, habe ich von ihnen gelernt. Sie haben die Wiedervereinigung nicht mehr erlebt.

Meine Frau und ich suchten Gleichaltrige in der DDR. Über Hilde Göritz, eine Schulfreundin meiner Schwiegermutter, haben wir 1980 Lydia und Bernd Kahle in Potsdam gefunden. Diese beiden haben uns nicht nur bis zum Mauerfall, sondern bis heute nah am anderen Deutschland gehalten. Sie hatten sich über die Junge Gemeinde kennengelernt, beide haben ohne FDJ und SED studiert. Er wurde Landschaftsarchitekt in großer Nähe zu Hermann Göritz, dem berühmten Potsdamer Landschaftsgärtner. Seit der Wende ist er Stadtplaner für die Stadt Potsdam. Sie ist Juristin. In der DDR hat sie im Betrieb gearbeitet, nach der Wende im brandenburgischen Innenministerium und heute ist sie in der Diakonie tätig. Zu DDR-Zeiten hat sie Menschen, die ihren individuellen Lebensweg gehen wollten, sich damit aber nicht auf Parteilinie befanden, juristisch beraten. Zum Beispiel wurde einem Lehrer verwehrt, den Beruf zu wechseln, obwohl er an einer anderen Stelle gebraucht und gewollt wurde. Mit Berufung auf die „Allgemeine Erklärung der Menschenrechte" und auf die „Verfassung der DDR" konnte sie dem Lehrer die neue Stelle sichern. Als junges Ehepaar haben sie im Babelsberger Weberviertel ein damals zum Abriss vorgesehenes Haus und Grundstück in der heute unter Denkmalschutz stehenden Siedlung erworben und es mit ihren bescheidenen Mitteln erhalten. Als ich mich nach der Wende dort einmal mit Manfred Stolpe verabredet hatte, war er platt, dass wir so nah an der DDR-Vergangenheit waren. Bei diesen lieben Freunden habe ich gelernt, wie man die DDR-Zeit überstehen konnte, ohne bitter zu werden.

Große Hilfe war ihnen die evangelische Kirchengemeinde, in der beide im Vorstand, im Chor und in der Diakonie mitarbeiteten. Sie haben es mit viel Liebe und auch Tricks geschafft, ihre beiden Söhne nicht in die staatlichen Krippen zu geben. Ihnen war es wichtig, ihre Kinder bis zur Schule selbst zu erziehen.

Wir haben mit ihnen erlebt, dass es verboten war, eigene Erinnerungsgesten an den Holocaust zu veranstalten. Mehrere Jahre legten sie mit Freunden am Platz der am 9. November 1938 zerstörten Potsdamer Synagoge Blumen nieder. Jedes Mal wurde der Strauß von der Stasi entfernt und auf Nachfrage erklärt, das sei ausschließlich Staatssache. Eigeninitiative war suspekt.

Bei einem unserer ersten Besuche in Potsdam kreuzte ein SED-Funktionär bei ihnen auf und bat mich zur Bezirksverwaltung. Diesen Besuch und das mehrstündige Gespräch auf der Bezirksverwaltung werde ich nicht vergessen. Einladender war der Bezirksschulrat. Er hatte aus der Babelsberger Hochschule einen Professor Müller, wohl als Kontrolleur, mit dabei. Zunächst wollten sie mit mir nur über die Schulsituation in der BRD reden. Sie verglichen unsere Gesamtschulen mit ihren Polytechnischen Oberschulen. Spannend wurde es, als wir über die katastrophale Wirtschaftslage in der DDR redeten. Ich fragte, wie sie Preise für den Weltmarkt kalkulierten, wie sie Kostenrechnungen auf der Basis von Devisen aufbauten. Schon damals, Anfang der 8oer Jahre, habe ich immer gesagt, dass diese Ökonomie zusammenbrechen müsse. Bis zuletzt ist mir nicht klargeworden, ob sie mich ausfragen wollten oder ob sie einmal in einem frechen Gespräch ausprobieren wollten, mit einem West-Politiker zu reden. Jedenfalls haben sie sich nicht angebiedert oder versucht, mich zu gewinnen.

Unvergessen bleibt mir, wie wir mit den Fahrrädern unserer Freunde – unsere eigenen Räder durften wir nicht mitnehmen – und Fontanes „Wanderungen durch die Mark Brandenburg“, das damals noch von russischem Militär besetzte Land erradelt haben. Wir haben den ganzen Charme der oft verwilderten Mark und ihrer alten Gemeinden und Gutshöfe kennengelernt. Die Steine redeten, die Alleen erzählten preußische Geschichte. Mein tief sitzendes Vorurteil über die militärische preußische Tradition habe ich bei diesen Radtouren wegen der vorbildlichen Nutzbarmachung der „Sandbüchse“ korrigiert. Bis heute ist diese Geschichte zu besichtigen, in der Sümpfe trockengelegt wurden, landwirtschaftliche Nutzung auch und gerade zum Wohle der Metropole Berlin aufgebaut und aus „Ostelbien“ ein zentraler Teil Deutschlands wurde.

61

Mit unseren Freunden versammelten sich im Jahre 1989 die vielen jungen Menschen, die einen Neuanfang suchten. Was in Berlin die Gethsemanekirche war, wurde in Potsdam-Babelsberg die Friedrichskirche. Unsere beiden Kahles hatten noch nie so viele Menschen in ihrer Kirche erlebt – und natürlich hatten sie große Sorge, ob das alles friedlich ausgehen würde. Die Militärstadt Potsdam erschien so gar nicht geeignet für einen friedlichen Wechsel. Was würden die vielen Uniformierten tun? Sie haben gehofft, gebetet, für geordnete Gespräche und Diskussionen gesorgt. Sie haben versucht, sich zu vernetzen. Was ging in Ostberlin vor, was machten die Freunde in Jena, in Leipzig und Dresden?

Ein großer Mut und so etwas wie eine freundliche Entschlossenheit hatte die halbe Million Menschen erfasst

20 Jahre danach sind sie immer noch in ihrem alten Weberhaus. Ihre Bücher sind nicht ausgewechselt worden – es sind neue hinzugekommen. Über Schul-, Studenten- und Arbeitsjahre haben sie sich eine Bibliothek zusammengebaut, die einen Einblick in ihre politische Sozialisation, besser vielleicht noch in ihre bildungspolitische Entwicklung gibt. Es ist aufschlussreich, diese Sammlungen mit vergleichbaren Sammlungen im Westen, zum Beispiel der eigenen, zu vergleichen. Wiedervereinigt sind wir, wenn wir die beiderseitigen Schätze zusammengebaut und uns angeeignet haben.

20 Jahre danach sind sie, wie in den Jahren vorher, ihrer Kirchengemeinde treu geblieben. Die überlaufenen Vollversammlungen in der Wendezeit sind vorbei, aber nicht vergessen. Die wieder übersichtlich gewordene Gemeinde ist ein Ort der Verständigung und Orientierung geblieben. Sie hat Kaiser-Wahn, Nazi-Terror und DDR-Unterdrückung überstanden und wirkt auf mich wie ein Seil zum Festhalten. Ihr gegenwärtig prominentestes Projekt ist der mühselige Prozess, auf dem Gelände des evangelisch-kirchlichen Hilfsvereins das KGB-Gefängnis zu erhalten und damit dem Verdrängen zu entreißen. Die Opfer verfolgen aufmerksam, ob und wie die Plätze ihrer Qual zu-

gänglich bleiben. So könnte dazu beigetragen werden, dass unsere Kinder aus den Erfahrungen ihrer Eltern und Großeltern die richtigen Schlüsse ziehen.

Meine Frau Luise war 1989 in den frühen Novembertagen mit unserer jüngsten Tochter in Potsdam – wie damals üblich mit lange vorher beantragter Aufenthaltsgenehmigung. So konnten sie an der Riesendemonstration am 4. November in Ostberlin teilnehmen. Mir ist aus ihren Erzählungen in Erinnerung, dass Markus Wolf und Gregor Gysi ausgebuht wurden, weil beide zwar Reformen wollten – aber unter dem nicht relativierten Herrschaftsanspruch der reformierten SED. Alle anderen spürten: Das war jetzt vorbei. Ein großer Mut und so etwas wie eine freundliche Entschlossenheit hatte die halbe Million Menschen erfasst. Mit so vielen konnten sie dem Polizeistaat widerstehen. Auf den Dächern rund um den Alex standen die Stasi-Kameras, aber wen konnten sie noch beeindrucken? Von den vielen Parolen, die auf selbst gemalten Schildern in der Menge hochgehalten wurden, ist mir eine als besonders witzig in Erinnerung geblieben: Während Staatschef Egon Krenz im Fernsehen die DDR-Bevölkerung noch als „Genossinnen und Genossen" ansprach, trugen Demonstranten ein Pappschild mit der Aufschrift „Wer war Egon Krenz?" durch die Menge.

Der Fahrer in der Bremer Vertretung in Berlin hat mir später erzählt, wie er als Wehrpflichtiger bei der Marine an der Ostsee diese Tage erlebt hat. Keiner wusste, was galt, jeder versuchte, sich behutsam und vorsichtig in dieser neuen Unübersichtlichkeit einzurichten. Noch heute danke ich dafür, dass keiner dieser vielen bewaffneten Vopos und NVA-Soldaten geschossen hat. Zum ersten Mal in der Geschichte eine Revolution ohne Blutvergießen! Und das nach diesem jahrzehntelangen Aufrüsten und Hetzen und Feindbilder-Zeigen!

Als es dann so weit war, am 9. November 1989, saß ich mit meiner Frau die halbe Nacht vorm Fernseher. Mir kamen immer wieder die Tränen. Die große Überraschung bei der Presse-

63

konferenz mit dem sibyllinischen Ausspruch von Schabowski. Dann das stundenlange Warten an der Westseite der Mauer, bis endlich gegen Mitternacht die Welle der Trabbis losbrach. Die unvergessene Szene mit Richard von Weizsäcker, der ohne Begleitung zum Potsdamer Platz gegangen war und den ein NVA-Offizier militärisch grüßte mit dem Satz: „Keine besonderen Vorkommnisse, Herr Bundespräsident."

Welche Folgen würde das haben? Hielt die fröhliche und dankbare Stimmung?

Wir in Deutschland waren die Nutznießer einer weltpolitischen Wende. Michael Gorbatschow hatte die hoffnungslose Krise der eigenen Gesellschaft erkannt und sich für einen radikalen Wechsel entschieden. Glasnost und Perestroika veränderten nicht nur die Sowjetunion, sie beendeten den seit 1945 alles dominierenden Ost-West-Konflikt. Aus Feinden wurden Hilfe suchende Nachbarn. Endlich war nicht mehr Wettrüsten angesagt, sondern Entwicklungszusammenarbeit. Da hatte ein wiedervereinigtes Deutschland die Chance, mit seiner Vermittlungskompetenz nach Westen und Osten und mit seiner Wirtschaftskraft ein wichtiger Motor zu sein.

Haben wir wiedervereinigten Deutschen dieser Hoffnung, diesen Vorschusslorbeeren entsprochen? Zunächst die Friedlichkeit der Wiedervereinigung, die Kerzen überall, die riesigen Demonstrationen – das war im Gegensatz zu Ceaus¸escu in Rumänien und später im Jugoslawien-Krieg ein ganz großes positives Zeichen.

Die Kirche, meine gequälte, von Selbstzweifeln getriebene und zusammengeschrumpfte evangelische Kirche, hat die Vermittlungsrolle, die Aufgabe des „Zum-Sprechen-Bringens" und wohl auch mit den runden Tischen die Bearbeitungsform entwickelt und ihr zum Durchbruch verholfen. Nach den ökonomischen Fehlern der Wende und dem Zusammenbrechen der DDR-Wirtschaft hat bis heute ein beispielloser Wiederaufbau der Infrastruktur, im Wesentlichen von der alten BRD finanziert, stattgefunden. Und wir sind gemeinsam in Europa angekommen. Die Osterweiterung der EU wäre ohne gelungene Wiedervereinigung nicht denkbar.

Und doch ist vieles unaufgearbeitet geblieben. Die Ahnungslosigkeit der Wessis, ganz krass vertreten durch den damaligen FDP-Wirtschaftsminister Helmut Haussmann, der öffentlich erklärte, alles kläre sich von selbst über den Markt und Anlass für Vermittlungsschritte gebe es nicht. Dann die vielen, die die Gelegenheit nutzten, um im Osten ein Schnäppchen zu machen, Besser-Wessis, die sich als falsche Ratgeber, als Spekulanten entpuppten. Ich denke an die vielen Demütigungen derjenigen, die sich im Osten als Zu-kurz-Gekommene erlebten und vor dem Hochmut der Wessis verstummten.

Darum sind wir bis heute noch nicht zusammengewachsen, wie das berühmte Willy-Brandt-Wort in Aussicht stellte. Politisch ist das sichtbar am Erfolg der DDR-nostalgischen PDS in den neuen Bundesländern. Statt das DDR-Desaster aufzuarbeiten, betreiben sie Vergessen und Verharmlosen, oft sogar Verklärung. Viele gut ausgebildete junge Leute zieht es immer noch in den Westen, es bleiben neben den couragierten Gesamtdeutschen viele Verlierer und Unverbesserliche zurück, die sich erstaunt fragen, wieso es gerade bei ihnen Rechtsradikale gibt. Es läuft nicht nur innerhalb Deutschlands, sondern bis weit nach Russland hinein immer noch eine Ost-West-Wanderung. Unsere ostdeutschen Nachbarschaften werden polnisch und gelegentlich auch schon russisch durchmischt. Das verlangt von den verbliebenen Menschen neue Integrationsanstrengungen. Schaffen wir das alles? Vorbild für die europäische Union sein – wirtschaftlich und integrationspolitisch; offen für die vielen Nachbarn, die zum ersten Mal in der Geschichte nicht in Furcht und Schrecken vor der deutschen Übermacht leben, sondern sich so eng wie möglich mit uns verbinden wollen? Nach totalitären Katastrophen der Nazis wie der Kommunisten nun endlich die zivilgesellschaftliche, gewaltfreie, aufgeklärte Gesellschaft? Geht das alles – und dann noch so schnell wie möglich?

Wir brauchen Geduld mit uns. Es war eher unheimlich, wie 1945 von einem auf den anderen Tag die Nazis verschwanden und keiner etwas mit ihnen zu tun gehabt haben wollte. Dieses Mal dauert alles länger. Wir sind mit diesen Problemen des Wandels auch nicht allein wie 1945, sondern in Osteuropa umgeben von allen denkbaren Varianten der Transformation vom totalitären Sowjetsystem hin zur demokratischen Gesellschaft. Dieses Mal wird sich, Gott sei Dank, nicht alles an uns entscheiden. Jetzt kommt es darauf an, dass wir verlässliche Nachbarn, vertrauenswürdige Verbündete und Mitverantwortliche für viele Nöte außerhalb unseres Landes werden.

Ich bin dankbar dafür, dass ich Zeitgenosse der Wiedervereinigung und der daran anschließenden europäischen Öffnung nach Osten bin. Ich freue mich darüber, dass das von Rumsfeld geschmähte „Old Europe" zum Hoffnungsträger vieler Menschen außerhalb Europas geworden ist. Kaum gab es das in unserer Geschichte, dass von Europa keine Kriegsgefahr ausgeht, sondern dass viele mit Europa Frieden verbinden, friedliche Entwicklung und friedliches Zusammengehen ehedem feindseliger Nachbarn. Ich möchte so nah wie möglich an dieser historischen neuen Rolle Anteil haben.

Sibylle Berg

DAS PARADIES IST GESCHLOSSEN

WENN MAN DEN ORT, an dem man geboren wurde und größer, verlässt, wird man vielleicht einen angenehmen Platz zum Leben finden. Neue Bekannte, schöne Bäume, hübsche Straßen. Alles kann man finden, vielleicht ist es besser als das, was man aufgab, meist ist es nur anders und das Recht auf HEIMAT hat man verwirkt. Ich hätte nie geglaubt, dass ich den dermaßen von mir selbst missverstandenen Begriff HEIMAT jemals auch nur denken würde. Lange glaubte ich, überall leben zu können, frei von sentimentalen Gerüchen – doch dann begriff ich die eigene Beschränkung. Sicher kann ich irgendwo sein, in Asien oder Afrika, staunen kann man überall und sich bewegen und leben, doch nach einiger Zeit überall, beginne ich mich zu sehnen. Nach Menschen, die mir ähnlich sehen, nach Systemen und Werten, die mir vertraut sind. Nach Europa zurückkehren bedeutet: mich in Sicherheit wähnen. So fing es an, das Erkennen, dass ich weder der Typ für wildes Auswandern bin und dass ich in meiner begrenzten Zeit nicht mehr viele Neuanfänge in fremden Ländern machen werde. Schade, denke ich manchmal, wenn die Monate

67

wie aneinandergereihte graue Pfützen vergehen. Schade, dass ich nicht 300 werde und viele Leben an vielen Orten probieren kann. Und ich begreife, dass ich nie das Gefühl kennenlernen werde, eine Heimat zu haben. Das klingt theatralisch, ist auch so gemeint und nicht schlimm, ich stelle es nur fest.

Ab und an fragten mich Schweizer Menschen, warum ich nicht in Deutschland wohne. Da käme ich doch her und so weiter. Und ich überlegte und suchte nach Gründen, denn eigentlich ist es ja überall ein bisschen Deutschland, also warum wohne ich denn nicht dort, bis mir einfiel: Meine Heimat gibt es nicht mehr, denn sie war eine Lüge. Ich bin aus dem Osten. Aus einem Osten, den es nicht mehr gibt, denn es war das Land, in dem es keine Nazis gab, keinen Hitler, keine religiösen Fanatiker, in dem alle gleich waren und kommunistische Ideen hatten. Der Westteil Deutschlands war mir so fremd wie Belgien oder der Kongo – und ist es immer ein wenig geblieben. Der Westen ist jetzt überall und die schöne Utopie OSTEN existiert nicht mehr. Ist verschwunden. Auch als es den Osten noch gab, begann er komisch zu riechen, als ich in ein Alter kam, da ich zu denken begann und zu sehen, dass nichts von all den wunderbaren Versprechungen eingelöst wurde, die wir uns gegeben hatten.
Meine Heimat verlor ihre Heiligkeit.

Geboren wurde ich in Thüringen, doch den bewussten Teil meiner Kindheit, nach fünf, verbrachte ich in Rangsdorf, einem kleinen Kaff bei Berlin, in dem vornehmlich Berliner Bildungsbürger und Pendler lebten.
Wir wohnten dort in einem immens großen Haus (der Witz mit „alles sieht so klein aus" kommt später), das in einem Kiefernwald stand. Der gesamte Ort war in den Bäumen gebaut, wie finnische Alvar-Alto-Siedlungen. Es gab zwei Seen und ungefähr drei Autos, die aus Pappe bestanden und Trabant hießen. Das Haus, das unvorstellbar große, stammte aus den 30er Jahren, aus rotem Klinker und fein verwaschenem Marmor. Es soll-

te meine Liebe zu schönen Gebäuden nachhaltig beeinflussen. In der Küche gab es ein Bullauge, davor lag ein ungemein großer Garten mit Rhododendren und Kiefern. Hinter dem Haus begann der Wald und in meiner Erinnerung war es immer Frühherbst und ein wenig diesig am Morgen, dort. Verließ man den Ort, folgten lange, leere Landstraßen mit Apfelbäumen am Rand, diese Äpfel, die es nicht mehr gibt. Sie sind vermutlich auch von daheim weggegangen und nie wiedergekommen. Damals konnte man auf diesen Landstraßen wunderbar wandern, weil es keine Autos gab, oder nur alle halbe Stunden mal eines, das wird sich unterdes geändert haben. Ich erinnere mich an vieles nicht mehr, nur an das Gefühl bei den Wanderungen, die ich unternahm, mit der Hoffnung, dass unterwegs ein Wunder passieren würde und ich kein Kind mehr sein müsste, denn der Zustand war mir immer völlig unangenehm. Ich mochte das Ausgeliefertsein nicht. Es war immer Sonntag und natürlich Frühherbst, vielleicht aber auch Sommer, und ich lief auf einer dieser Straßen, an der Kiesgrube vorbei immer geradeaus. Damals machte übrigens keiner ein Geschrei, wenn Kinder allein wanderten, Rad fuhren, im Wald spielten. Irgendwie waren Kinderschänder noch nicht entdeckt, bekamen keinen medialen Popstarstatus, und ihre Zahl hielt sich außerordentlich in Grenzen. Es war warm und roch nach Nadelbäumen und Wiese. All das Zeug war voller Geschichten, die ich mir ausdachte, weil schon damals keiner mit mir spielen wollte, und hinter jeder Kiefer fanden unglaubliche Abenteuer statt. Es ist nicht wahr, dass man als Kind unempfänglich für die Schönheit der Natur ist. Vielleicht staunt man sogar mehr, als man es später vermag. Ich erinnere mich an jeden Baum, der in Rangsdorf stand, an den See, die Sandwege, alte Holzbrücken, Bäche und an die Sehnsucht, die diese Bilder machten – und mit der ich nichts anzufangen wusste.

Vielleicht war es die Suche nach Einheit und Perfektion. Fast war es zu viel an Gefühlen, die ich nicht einzuordnen wusste.

Ich wollte Teil davon werden, mich auflösen, oder die Erregung mit mir nehmen, die diese Schönheit herstellte. Ich erinnere mich an viele kleine Bungalow-Häuser, die immer wirkten, als ob Rauch aus ihren Schornsteinen käme, und ich überlegte mir, wie ich dort leben könnte, als erwachsener Mensch, aber es fiel mir nichts dazu ein. Das war Erwachsenengeheimnis. Die Menschen in Rangsdorf, ich weiß nicht mehr, wie sie waren. Vermutlich einfach alt. So alt, wie jeder über zwanzig eben für einen jungen Menschen ist. Ich erinnere mich an Ausflüge mit der Familie, und an das unvermeidliche Essengehen, eine gewisse Aufregung in der DDR, denn Essengehen war Luxus. Die landestypischen Gerichte versuchten ein Gegengewicht zur Leichtigkeit der Landschaft herzustellen. Irgendwelche Dinge, die Soljanka hießen, Kloß und Braten. Für mäklige Fast-Teenager kein Schlemmerparadies. Schöne Gaststätten gab es nicht. Mit Gärten oder Terrassen, das war vermutlich zu viel Arbeit für den gleichen Lohn. Lokale gab es drinnen, und gelb, und zwei Gerichte zur Auswahl. Die Welt hatte Risse, aber sie war noch so weit in Ordnung, wie sie es eben für ein fast noch Kind ist. Man weiß zu wenig und stellt nichts infrage. Später weiß man auch nicht viel mehr, aber das Paradies ist geschlossen, wegen Erkennen. In den schönen alten Häusern wohnten vermutlich auch damals schon Leute, die auch nicht wussten, wie es geht. Einige waren sicher bei der Stasi, andere schlugen ihre Kinder. Aber das war damals egal. In einer Zeit, da ich noch eine Heimat hatte, ohne es zu wissen. Ich war kurz vor dem Erwachsenwerden, das vermute ich heute, denn die letzten Erinnerungen an Rangsdorf sind, dass die Natur irgendwann ihren Reiz verlor. Wie über Nacht bestand sie nicht mehr aus Geschichten, sondern aus Bäumen.

Dann verließ ich Rangsdorf, später auch die DDR und in den vergangenen hundert Jahren habe ich versucht, eine Heimat in der Schweiz zu bauen. Bei aller Liebe für dieses Land, ein sinnloses Unterfangen. Deshalb fuhr ich nochmals nach Rangsdorf. Am 9. November. Um zu sehen, was den Unterschied zwischen

Heimat und Wahlheimat ausmacht. Es war furchtbar kalt. Nichts da von milden Frühherbst-Gefühlen mit goldenem Licht. Ich stand vor dem alten Haus, das immer noch wunderschön war. Natürlich kleiner, als in meiner Erinnerung, aber dennoch: der Garten groß, und die Kiefern immer noch da. Rangsdorf hatte sich kaum verändert. Das Seerestaurant war jetzt schön in Messing und mit vegetarischen Gerichten – und hatte geschlossen wegen des 20. Jahrestages des Mauerfalls, siehe oben. Ich überlegte kurz und fragte mich, wo ich wohl vor genau zwanzig Jahren war und wie und wo ich vom

Lange glaubte ich, überall leben zu können, frei von sentimentalen Gerüchen – doch dann begriff ich die eigene Beschränkung

Mauerfall gehört hatte. Keine konkrete Erinnerung, aber Bilder von Menschen, die in ihre Trabbis stiegen, um ins gelobte Land zu fahren – in den Westen. Und der Satz, den wohl ein Teenager aus Westberlin ein paar Tage nach der Grenzöffnung schnell noch auf die Mauer gesprayt hatte – „they came, they saw, they did a little shopping".

So lief ich weiter durch Rangsdorf, auf der Suche nach alten Gefühlen, nach der Angst vor der Schule, Angst vor anderen Kindern, vor dem Klingeln der Schranke, wenn sie sich senkte, vor dem Tod, wovor ich alles Angst hatte, unfassbar. Und ich fand nichts. Außer Sandstraße, neuen Läden.

Der Ort, an dem man geboren wurde, ist wie eine Familie. Man kann sie sich nicht aussuchen, man kann sich nur abwenden irgendwann, man kann Liebesgeschichten beginnen, mit anderen Orten, kann ewig suchen, nach dem Gefühl, das man hatte irgendwann vor hundert Jahren, aber man wird es nie mehr finden. Vielleicht taugt Heimat nur in der Kindheit.

Rangsdorf war also immer noch ein wunderschöner Ort, keine Frage. Aber das Geheimnis und die Sehnsucht, die er ausgelöst hatte, lange Zeit zuvor, waren weg. Für immer.

Sibylle Berg

Ulla Hahn

FISCHSUPPE AUS EINEM AQUARIUM

AM 9. NOVEMBER 1989 sitze ich mittags in einem Flugzeug nach Warschau. Eingeladen vom Bundeskanzler. Kurz nach dem Start der Boeing 707 begrüßt Bundeskanzler Helmut Kohl seine Gäste, spricht von den „schwierigen Tagen seiner siebenjährigen Amtszeit" auf einer Reise, die „zurückführt zu den schändlichsten Punkten unserer Geschichte" und bittet um Mithilfe: „Es ist eine wichtige Sache für unser Vaterland." Neben mir unterhalten sich zwei Männer über Großwildjagd. Von 72 Geladenen sind drei Frauen. Das fällt mir am Donnerstag, dem 9. November, gegen 14.30 Uhr noch auf.

Eine halbe Stunde später landen wir mit deutscher Pünktlichkeit auf polnischem Boden, um 16 Uhr sind wir im Hotel, und schon zehn Minuten später fahren wir „Sondergäste des Herrn Bundeskanzler aus dem Bereich Kultur" zu ihren ersten Gesprächen: 16.20 Uhr „Polnische Kulturstiftung", 17.30 Uhr „Gesellschaft für die Verbindung mit den Auslandspolen, Polonia", gegen 19 Uhr kommen wir beim Bildungsminister, Henryk Samsonowicz an. Ein wahrhaft staatsmännisches Tempo. Unverblümt schildert der Minister die Situation an Schulen und Universitäten nach über 40 Jahren Zwangserziehung und bittet uns um „Nachhilfe in Demokratie". Dass wir heute bei diesem Volk, dem das unsere vor 50 Jahren fast den Garaus gemacht hätte, willkommen sind als Partner, die nicht nur etwas vom Wirtschaften, sondern auch von der ganz alltäglichen Demokratie verstehen, kommt mir wie eine Auszeichnung, ein bestandenes Examen vor.

Wir hetzen zurück ins Hotel, haben kaum Zeit zum Umziehen, geschweige denn zum Radiohören oder Fernsehen. Ein Teil der Delegation, darunter die Mitreisenden aus der Kultur, sind auf einen Nebenschauplatz zum Essen beim stellvertretenden Ministerpräsidenten geladen und verpassen daher die Nachricht, die dem Bundeskanzler im Palais des Ministerrats beim Hauptgericht zugeflüstert wird: Die Mauer ist offen. Als ich gegen 23 Uhr ins Hotel komme, kriege ich den Fernseher nicht in Gang. Erst am nächsten Morgen beim Frühstück erfahre ich: Die Mauer ist offen. 250 000 Ostberliner sind im Westen. Meine Freude über die Nachricht bleibt zunächst merkwürdig abstrakt, sie bleibt im Kopf hängen. Zu wuchtig sind die ersten Eindrücke von gestern, die heruntergekommene Stadt, die abgekämpften Frauen vor den Läden, die Schlangen an den Tankstellen, die Gespräche und die offenen Eingeständnisse der Not. Dennoch, als ich höre: Der Kanzler fliegt zurück, ist mein erster Impuls: Ich will mit. Nach Hause. Irgendwie näher sein. Doch auch dieser Tag ist wieder voller Termine. Um 9.30 Uhr erwartet uns Senator Andrzej Szczypiorski, später der Rektor der Universität, später Weihbischof Jerzy Dabrowski. Um 17 Uhr erhält Karl Dedecius den Orden der polnischen Kulturstiftung.

Doch nun ist alles anders: Ein historisches Ereignis hat das andere überholt. Helmut Kohl hatte immer wieder betont, dass er nur und erst dann nach Polen reise, wenn eine neue Regierung stabil sei. Dass gerade in dem Moment, als diese Stabilität dem Kanzler zum Reisen reichte, die DDR ins Rutschen geriet, mutet an wie ein ironisches Kichern der Weltgeschichte.

73

Ulla Hahn

Von nun an spürt man bei allen Begegnungen die freudige Teilnahme an der deutsch-deutschen Entwicklung, sogar eine unverhohlene Schadenfreude, dass es nun endlich auch der SED an Macht und Pfründe geht. Doch nach diesem 9. November gibt es auch kein Gespräch mehr, weder offiziell noch privat, in dem von polnischer Seite nicht offen oder unterschwellig die Sorge spürbar wird, abermals ins Hintertreffen zu geraten. In mir jedoch wächst und festigt sich in diesen Tagen die entgegengesetzte Empfindung. Mag sein, dass dies an meiner dem Geschehen gegenläufigen Perspektive liegt. Ich schaue als Deutsche von Polen nach Deutschland. Durch die Lücken der Mauer in Berlin rücken die Bundesbürger Polen näher, liegt die DDR nicht mehr als ein Sperriegel zwischen den Staaten. Das Gefühl der Nähe und Nachbarschaft verstärkt sich mit jedem Gespräch. Und damit das der Verantwortung. Wer unseren Unterredungen mit Andrzej Szczypiorski, Vertreter des Schriftstellerverbandes und des PEN (internationale Schriftstellervereinigung) zuhörte, mochte zeitweilig glauben, in ein Proseminar für Volks- und Betriebswirtschaft geraten zu sein. Doch es dürfte weder Fantasie noch Sensibilität eines Schriftstellers schaden, Hermes-Kredite, Joint Ventures oder Steuervorteile für Stiftungen zu kennen. „Polen", sagt Szczypiorski, „ist ein Land wie nach einem Erdbeben. Wie können wir von Praxis sprechen, wenn wir im Nirwana leben? Die Planwirtschaft ist zerstört, ein freier Markt existiert noch nicht. Wie macht man einen neuen Markt ohne Waren, ohne Kapital, ohne Fachleute?" „Jeder", so einer unserer Gesprächspartner, „kann aus einem Aquarium Fischsuppe kochen. Wir sollen jetzt aus einer Fischsuppe ein Aquarium machen." „Immer wieder", sagt die Kulturministerin Izabella Cywinska, eine energische Frau mit Stoppelhaaren und einer langen Strähne im Nacken, „hat man das polnische Volk auf Wunder vertröstet. Daher hofft es auf Gutes, jetzt sofort, ohne selbst etwas dazu zu tun. Aber die Regierung gibt uns Hoffnung, sonst nichts. Es wird erst einmal schlimmer, später kann es besser werden." Jeder ihrer Staatsbesuche sei ein „Aus-

74

betteln". Es fehle an allem, vom Klebemittel bis zum Papier. „Alles steht und fällt mit dem Glauben an unsere eigene Kraft. Doch die nächsten Monate können wir nur mit Hilfe der Nachbarstaaten überstehen." Izabella Cywinska spricht es offen an: „Habt ihr nun nicht größere Sorgen mit der DDR?"

Während mich die Gespräche ganz und gar in den Bann der polnischen Wirklichkeit ziehen, bemerke ich beim Empfang der Konrad Adenauer Stiftung meinen Hunger nach Information aus Deutschland, fahre mit dem Taxi ins Hotel, bin geradezu süchtig nach den Beweisen von Fotos und Fernsehbildern. Hier in Warschau erlebe ich die ganze Macht der Medien als vierte Dimension der Realität. In dieser Oase des Luxus, hinauskatapultiert aus dem polnischen Alltag bis ins 35. Stockwerk, wo mein vollklimatisiertes Zimmer pro Nacht fünfmal so viel kostet wie ein polnischer Rentner zum Leben hat – hier sehe ich über Satellitenprogramme die ersten Bilder aus Berlin, hier endlich rutscht die Freude aus dem Kopf bis in die Zehenspitzen. Mit einem Wodka Gorbatschow aus der DDR proste ich dem Bildschirm-Pärchen zu, das in die Kamera strahlt: Er Ost. Sie West. Und verbrauche ein Tempotuch.

Eine ungeheuere Kraft geht von diesen Bildern aus, eine unbändige Freude, die mitreißt wie ein gewaltiger Strom. Und genau wie ein Strom auch Angst machen kann. Vor diesen Bildern begreife ich: dass die Deutschen zusammengehören; dass ihre Einigkeit eine Kraft freisetzt, die gerade schwächeren Nachbarn Misstrauen, ja Furcht einflößen kann.

Die Samstagstermine in Krakau entfallen, der Kanzler ist in Berlin und Bonn, die Sondergäste dürfen Touristen sein. Wir fahren nach Zelazowa Wola, die Straßen sind weißrot geflaggt, Polen darf nach über 40 Jahren wieder seine Konstituierung als Republik am 11. November 1918 feiern. Im Geburtshaus Chopins hören wir, wie vor Jahren Willy Brandt, Helmut Schmidt und vor kurzem das spanische Königspaar im Musiksalon der Familie einen hervorragenden Pianisten; die Musik wird per Lautsprecher in den Park übertragen, eine Menschentraube

75

sammelt sich und weicht nicht von der Stelle. In meinem Kopf tanzen die Berliner Mazurka auf der Mauer, bis sie kracht, die Walzer gehen deutschpolnisch rechtsherum polnischdeutsch linksherum und die Polonaise in F-Dur schlängelt sich von Aachen über Berlin, wo Stefan Heym eine Sirtaki-Einlage gibt auf dem Potsdamer Platz, über die verbürgte Westgrenze meines Gastlandes, bis nach Lublin.

Nachmittags machen wir einen Gang durch das Königs-schloss und die polnische Geschichte. Die wichtigsten Räume des 1944 gesprengten und nach alten Plänen wieder aufge-bauten Schlosses hat man restauriert. Doch auch hier herrscht wie überall Mangel: im königlichen Schlafzimmer fehlt das Bett, im Thronsaal der Thron.

Anders ist der Eindruck in den gut besuchten Lokalen der Altstadt. Hier sitzen in Lederjacken oder piekfein geschniegelt Gestalten wie aus der Dreigroschenoper; der Umrechnungskurs erlaubt nicht nur westdeutschen Großwildjägern eine ganz le-gale Ausbeutung der polnischen Wirtschaft. Reich werden kann man hier mit fast allem. Weil fast alles fehlt, was gebraucht wird. Haarshampoo zum Beispiel, wie uns die Kultusministerin erzählte. Man kauft davon im Westen einige Waggons für Dol-lar und verkauft sie in Polen für Zloty. „Sind 50 DM für Sie viel Geld?", fragt Andrzej Szczypiorski. „Kommt darauf an", sage ich. „Sehen Sie", sagt er, „mit 50 DM im Monat kommt man in Polen gut über die Runden. Wie schnell sind bei Ihnen 50 DM verdient oder von Verwandten hierhergeschickt. Was, glauben Sie, bedeutet das für unser Arbeitsethos hier?"

Nachts um halb drei ist das Feiertags- und Touristenleben vorbei. Der Kanzler ist zurück. Wir fahren in Bussen nach Krei-sau. Wach werde ich erst, als sich der Botschafter neben mir aus dem Lammfell räkelt; er ist vor zehn Tagen aus Chiles Sommer nach Warschau gekommen und friert zum Gotterbarmen. Es wird allmählich hell. Die Fahrt geht durch weites flaches Acker-land mit spärlichen Wäldern, hier und da ein paar Häuser mit großen Gärten; viele Hühner laufen herum, ein paar verdreck-

76

te Kühe drehen sich um ihren Pflock; die Wintersaat auf den Feldern bildet kaum einen schütteren Flaum. Der Nebel lichtet sich, doch durchzubrechen schafft die Sonne nur für ein paar Sekunden, als wir uns Kreisau nähern. Die ersten Menschengruppen stehen an den Straßen, verfroren, müde. Sie starren stumm und reglos auf die Wagenkolonne mit Blaulicht und Krankenwagen, die den Verkehr an jeder Kreuzung ins Stocken bringt. „Sie müssen winken", sagt der Botschafter zu mir und tut das, einige winken zögernd zurück, ich kriege diese simple Handbewegung aus diesem Bus heraus einfach nicht hin. Später, als wir, die Sondergäste, hinter der Absperrung Kanzler und Minister durch das Spalier der

Mit einem Wodka Gorbatschow aus der DDR proste ich dem Bildschirm-Pärchen zu, das in die Kamera strahlt: Er Ost. Sie West

Menschen folgen, winke und lächle auch ich, es kostet Überwindung, ich schüttle die Hände alter Frauen, sie sagen: „Vergesst uns nicht." Und: „Kommt wieder." Mir ist, als übernähme ich mit jedem Händedruck einen ausgeträumten Traum. Als ich sage, dass ich aus Hamburg komme, fällt mir eine Frau über das Gatter hinweg um den Hals und weint: „Da wohnt mein Sohn. Ich bin zu alt. Ich muss bleiben." Auf diesen knapp hundert Metern bis zum Altar von Kreisau begreife ich, was es heißt, einen Krieg zu verlieren. Die hier stehen, diese Deutschen in Polen, haben ihn wirklich verloren. Und wissen das auch. Sie rufen „Helmut! Helmut!", aber ihr Beifall für ihren polnischen Ministerpräsidenten ist nicht weniger herzlich als der für den bundesdeutschen Kanzler.

„Selig, die Frieden stiften", lautet der Vers aus dem Matthäusevangelium über dem Altar. Zwei Frauen reichen den Staatsmännern Brot und Salz. Die Geistlichkeit trägt die Freudenfarben der Kirche, rot und grün. Vor mir steht in der durchdringenden nassen Kälte Heinz Galinski. Geduldig folgt der Vorsitzende des Direktoriums des Zentralrats der Juden in Deutschland zwei Stunden lang der christlichen Zeremonie im Zeichen des gekreuzigten Juden Jesu, und ich denke, wie gut und wichtig es

77

ist, dass er hier dabei ist und dass der Kanzler nach Auschwitz fährt.

Während der polnisch-deutschen Predigt Bischof Nossols schaue ich mich so gut es die Menschenmenge zulässt, auf dem Gelände des Gutes der Grafen Moltke um. Die frische Farbe an den teilweise bewohnten Nebengebäuden ist noch feucht, der riesige Innenhof wurde erst in allerletzter Minute mit zehn Tonnen Kies und Sand aus einem Sumpf in einen festen Platz verwandelt. Die Kommunisten ließen das Gut verkommen; bis zuletzt sträubten sie sich gegen diesen Veranstaltungsort. Deutsche Antifaschisten passten nicht in ihre Ideologie.

Vor dem verwahrlosten, unbewohnbaren Herrenhaus stehen Sicherheitsbeamte und verwehren mir den Einlass; selbst für den Botschafter samt Ausweis ist kein Durchkommen. Die Bundesrepublik und Polen wollen Kreisau zu einer Internationalen Begegnungsstätte im Jugendaustausch machen. Ohne einen Blick auf das etwa anderthalb Kilometer entfernt liegende Gartenhaus, dem eigentlichen Treffpunkt des „Kreisauer Kreises", werfen zu können, hetzen wir mit Bus, Flugzeug, Bus zur Schwarzen Muttergottes in Jasna Góra. Wieder herrscht großes Gedränge, doch diesmal mit mehr routinierter Pilgerfrömmigkeit und Schaulust. Die Klappe vor dem Madonnenbild hebt sich für ein paar fromme Minuten und deutsche Marienlieder, dann stürzen wir durch einen Hintereingang in die Bibliothek, hören Reden, betrachten alte Bücher, genießen nur wenige Bissen eines auf mehrere Gänge geplanten Mahls, dann müssen wir wieder hinein in den Bus, die Piloten befürchten Abendnebel.

Wenn ich nach diesem Tag und an den noch folgenden Tagen in Polen Bilder von zu Hause sehe, sucht in den endlosen Trabbischlangen immer wieder hie und da ein polnischer Panjewagen mitzuhalten; sie begegneten uns im Morgengrauen, hatten Rüben geladen oder Kostbarkeiten wie Eier und Speck unter schweren Decken verborgen. Zwischen den Jubel der Landleute über endlich Südfrüchte, Kaffee, Badeschaum schiebt sich

Teresas Gesicht, die wochenlang keinen Zucker für sich und ihre zwei kleinen Kinder auftreiben konnte. Je mehr Löcher in die Mauer gerissen werden, desto sichtbarer verfällt vor meinen Augen die Altstadt von Krakau, der Stadtkern von Lublin.

Und ich denke an die Festansprache des Bundeskanzlers zur Verleihung des Ehrendoktors an der Katholischen Unversität in Lublin: „Ohne die Reformen in Polen, Ungarn und der UdSSR wäre es nicht zur Öffnung der Mauer gekommen." Dieser Satz wird vom überfüllten Auditorium mit einem Beifall bedacht, der jedes der genannten Völker ehrt.

Günter Kunert

UNBLUTIGER UNTERGANG

DER FERNSEHER STAND am Fußende des Bettes. In der Bildröhre saß Günter Schabowski, ein führender Funktionär der DDR, an einer langen Tafel. Ihm zu Füßen Journalisten aller Couleur, die meisten aus dem Westen. Schabowski veranstaltete eine Pressekonferenz, die in die Annalen eingehen sollte. Er hatte einen Zettel in der Hand, den bulligen Kopf darüber geneigt, und las stockend eine Erklärung ab, derzufolge Reiseerleichterungen für die DDR-Bürger eingeführt werden sollten. Pause. Es erhob sich in einer hinteren Reihe ein Pressevertreter, um Herrn Schabowski zu fragen, ob das Verlesene bedeute, die Leute könnten nun ohne Anträge stellen zu müssen, sich in den Westen begeben?

Schabowski, weiterhin unsicher, hielt sich krampfhaft an seinem Zettel fest, um dann zu bekunden, ja, so sei es gemeint, die Bürger dürften ohne bürokratische Malträtierung reisen. Abblende. Weitere Nachrichten. Wurde da ein Flugzeugabsturz präsentiert? Ein Eisenbahnunglück? Eine Schießerei zwischen Afrikanern? Ein Vulkanausbruch? Der Vulkanausbruch, im übertragenen Sinne, stand erst noch bevor.

Meine Frau, neben mir liegend, meinte, wir müssten jetzt am Gerät bleiben – da werde sich etwas ereignen. Nun gut, es waren ohnehin erstaunliche Tage vordem gewesen, mit Herrn Gorbatschow und seiner Formel, dass, wer zu spät käme, vom Leben bestraft würde. Die potenziellen Flüchtlinge in der deutschen Botschaft in Prag. Die Ausreißer in Ungarn. Das Klima hatte sich schon vor längerer Zeit verändert, und mir war ganz klar, glasklar platterdings, dass die Russen die DDR verkaufen würden. Ich schlug Freunden und Bekannten Wetten vor, um alle (meist um Sektflaschen) zu gewinnen. Nachdem sicher war, die Sowjettruppen kämen nicht aus ihrer Kaserne, konnte man sich an einer Hand die fernere Dauer der DDR abzählen.

Dann wurde nach den Nachrichten vom Sender umgeschaltet. Wir erblickten einen etwas fassungslosen Reporter an der Innerberliner Grenze, dem es die sonst geläufige Sprache verschlagen hatte. Die Kamera schwenkte ihr Objektiv hinüber nach Ostberlin. Da kamen sie, die Heere aus der Nacht, in Bademänteln und Schlafanzügen, auf Pantoffeln und Filzlatschen, die neuen Menschen, die Erbauer des Sozialismus, die Friedenskämpfer, die schöpferischen Kollektive, die Bestarbeiter und Freunde der Sowjetunion, mit einem Wort: das Volk, auferstanden aus den geistigen (und anderen) Ruinen ihres Kleinstaates, etwas zu erleben, woran sie längst nicht mehr geglaubt hatten. Durch das Tor zu gehen, das zu öffnen ein amerikanischer Präsidentendarsteller Herrn Gorbatschow gebeten hatte. Nun waren sie an der Linie aus einer nur allzu gewissen Vergangenheit in eine ersehnte, wenn auch ungewisse Zukunft.

Ein ganz und gar unglaublicher Moment, der, wie solche Momente, sich niemals wiederholen würde, und sich darum tief ins Gedächtnis einprägte. Die Grenzsoldaten, die Offiziere, hilflos vor dem Ansturm, ohne Anleitung, ohne Befehle, öffneten die Sperren, klugerweise, denn die Situation war angespannt, was den Wächtern bewusst gewesen sein musste. Ohne jegliche Information taten sie instinktiv das einzig Richtige: Sie beendeten die Existenz der Mauer. Jetzt gab es kein Halten mehr, der

Menschenstrom drängte hinüber, immer mehr Leute erschienen, übrigens offensichtlich gut gelaunt und freudig erregt: Das hatte etwas vom Charakter eines Volksfestes. Und als die Feiernden auf die Mauern zu klettern begannen, die „Mauerspechte" sich an die Arbeit machten, Souvenirs aus dem Beton zu schlagen, herrschte eine „Bombenstimmung". Aller Hass und Unwille schien verraucht: Fröhlichkeit herrschte vor. Das, und es hat viele Beobachter verblüfft, war ein kleines Wunder. Wer mit Rache und Lynchjustiz gerechnet hatte, hatte sich verrechnet. Es ging friedlich zu, fast gemütlich. Nie vordem ist ein Gesellschaftssystem so unblutig und gewaltlos zusammengebrochen. Im Bett liegend war man angerührt von den Bildern, von den Szenen einer Verbrüderung von Ost und West, die, was man noch nicht ahnte, keineswegs vorhalten sollte. Was auch immer sich später an Komplikationen und Problemen einstellte: Der große Tag des kleinen Schabowski ist unvergesslich. Männer machen Geschichte? Manchmal sogar Hampelmänner!

Hans-Joachim Maaz

GEBURTSERLEBNIS DER FREIHEIT

DAS JAHR 1989 – bevor die Demonstrationen begannen – erinnere ich als ein Jahr wachsender Ungeduld. Um mein Befinden zu beschreiben, wäre „Unzufriedenheit" nicht passend, denn neben wesentlichen unbefriedigenden Lebensumständen gab es vielfache Erlebnisse und Erfahrungen mit einem hohen Grad an Zufriedenheit. Als Psychotherapeut und Chefarzt einer Klinik im relativen Schutzraum der Diakonie hatte ich für mich, die Mitarbeiter, viele aus- und weiterzubildende Kollegen und natürlich für viele Patienten einen Freiraum für Lebensformen schaffen können, die ich nicht nur fachlich, sondern auch ganz persönlich als sehr befriedigend erlebte.

Ich hatte mich in meiner Arbeit von den Folgen kleinbürgerlicher familiärer Enge und der politisch-ideologischen Repression des DDR-Systems ausreichend emanzipieren können, indem Offenheit, Ehrlichkeit, Kritikfähigkeit, Emotionalität und zwischenmenschliche Verbundenheit eine Chance hatten und erlebbare Werte wurden, mit denen auch das Leben in der DDR gut zu gestalten war. Allerdings konnte man mit den von

83

uns initiierten psychosozialen Reifeschritten in einer „therapeutischen Gemeinschaft" in der DDR-Gesellschaft leicht zu einem „subversiven Element" werden, weshalb mancher diesen Weg der Individuation nicht gehen wollte oder konnte. Für die Mehrheit allerdings war gerade die Entwicklung aus Unterwerfung und Anpassung heraus eine entscheidende und heilsame Erfahrung persönlicher Befreiung und Würde. Natürlich gab es Bemühungen der Staatssicherheit, unsere Arbeit zu behindern, aber gerade deshalb bewahre ich mir das erfolgreiche und sinnvolle Widerstehen als eine der wertvollsten Erfahrungen aus DDR-Verhältnissen. Mit dem „Gefühlsstau" (Argon-Verlag 1990) habe ich mit dem DDR-System „abgerechnet", so dass ich mein weiteres Klagen über die ehemaligen Verhältnisse bald abschließen und schon sehr früh die vielfältigen Bemühungen vieler Menschen in der DDR wertschätzen konnte, sich dem offiziellen System zu entziehen und im Privaten und Beruflichen ihre Anständigkeit zu beweisen, alternative Lebensformen zu gestalten und ihre Würde zu wahren. Nach der Wende galt die mediale Aufmerksamkeit vor allem der Stasi und ihren Zuträgern. Die Missachtung aber des realen „Widerstandes" und die Abwertung der psychosozialen Lebensleistungen der Menschen in der DDR gegen Gehirnwäsche und Denunziation und auch gegen allseitigen Mangel halte ich für eine schwerwiegende und entlarvende Schwäche im deutschen Vereinigungsprozess: schwerwiegend, weil das politisch-ökonomische Desaster des real existierenden Sozialismus zu Unrecht auf das menschliche Leben mit negativer Bewertung übertragen wurde, und entlarvend, weil wertvolle menschliche Verhaltensweisen, die in einem kapitalistischen Gesellschaftssystem immer mehr verloren gehen, weil sie nicht marktgerecht und erfolgversprechend sind, verleugnet werden.

Meine Ungeduld 1989 wurde gespeist von dem Verlangen, die in der psychotherapeutischen Arbeit gewonnenen Erfahrungen mitzuteilen, reflektieren und öffentlich diskutieren zu können. Ich hatte meine Freiheit im Schutze der Diakonie reichlich genutzt und psychotherapeutische Erfahrungen im Zusammenhang mit repressiven familiären und gesellschaftlichen Verhältnissen gesammelt, die ich sowohl in den fachlichen als auch den gesellschaftlichen Diskurs bringen wollte. Nach dem „Prager Frühling" 1968 war ich überzeugt, dass der real existierende Sozialismus keine Überlebenschance hatte, dass aber eine Demokratisierung des Sozialismus möglich und notwendig sei. In meiner psychotherapeutischen Arbeit hatte ich längst entwicklungspsychologisch bedingte Ursachen und massenpsychologisch wirksame Faktoren für die Ausgestaltung pathologischer gesellschaftlicher Strukturen erkannt und konnte mir nationalsozialistische, real sozialistische, aber auch kapitalistische – im menschlichen Verhalten begründete – destruktive soziale Fehlentwicklungen verständlich machen. Das Erschrecken darüber, wie wenig spezifische frühe Entwicklungsbedingungen für Kinder als wesentliche Ursache späterer fanatischer, ideologisch verblendeter und gewaltbereiter Verhaltens erkannt werden, hat mich seitdem nicht mehr zur Ruhe kommen lassen. Mir war klargeworden, dass auch die beste soziale Idee an Menschen scheitern muss, die seelische Verletzungen und Defizite in sich tragen, und dass ein demokratisches System nur dann auch in der Krise Überlebenschancen hat, wenn die Mehrheit der Menschen eine „innere Demokratie", das heißt eine Versöhnung mit eigenen seelischen Schwächen, Grenzen und schuldigem Fehlverhalten erworben haben. Seitdem bin ich überzeugt davon, dass auch eine Demokratie nicht ausreichend für soziale Gerechtigkeit sorgen und auch nicht Umweltzerstörung, Ausbeutung und ungerechte Kriege verhindern kann, wenn die Mehrheit der Bevölkerung abhängig und manipulierbar bleibt.

Demokratie ist ohne innerseelische Voraussetzung noch lange nicht das beste aller Systeme. Diese Überzeugung war mir Ende der 8oer Jahre zur Mission geworden. In diesem Zusammenhang war mir die psychotherapeutische Arbeit unter Anwendung körpertherapeutischer Techniken, mit denen sehr frühe seelische Verletzungen reaktiviert und intensiv emotional verarbeitet werden konnten, wichtig geworden. Dabei hatte ich auch Kontakte mit westeuropäischen Kollegen hergestellt und eine intensive Weiterbildung in unserer Klinik organisiert. Auch dies war im Schutzraum der Diakonie möglich. Jedenfalls musste ich nicht über mangelnde Informationen und unerreichbare praktische Erfahrungen klagen. Eher im Gegenteil: Ich genoss die Freiheit, psychotherapeutische Behandlungskonzepte entwickeln zu können, die nicht – wie im Westen des Landes – durch Richtlinien-Bürokratie, Krankenkassengenehmigungsverfahren und konkurrierende Psychotherapieschulen wesentlich eingeschränkt werden.

Ich galt in der DDR vonseiten der SED als „nicht förderungswürdiger Kader", also blieb mir nichts anderes übrig, als mich selbst zu fördern. Dabei spielte anfangs auch der neurotische Ehrgeiz eine wichtige Rolle, es den „väterlichen" Instanzen, die zur Anerkennung und Förderung nicht fähig waren, zu beweisen. Das war ein wichtiger Anreiz, eigene Erfahrungen zu sammeln und sie auch selbst zu bewerten.

Durch meine Selbsterfahrung und durch die Arbeit in „mütterlichen" Strukturen einer „therapeutischen Gemeinschaft" hatte ich meine eigenen „mütterlichen" Mangelerfahrungen verstanden und ausreichend verarbeitet und war in keiner Gefahr, falschen „mütterlichen" Verlockungen der Zugehörigkeit zur Sozialistischen Einheitspartei zu verfallen, um auf diese Weise Annahme, Bestätigung und Förderung erfahren zu können. Stattdessen wollte ich beitragen, die bestehenden Lebensstrukturen in der DDR gemäß sozialistischer und christlicher Ideale – was für mich kein Widerspruch war – verbessern zu helfen.

Mir war klar geworden, dass auch die beste soziale Idee an Menschen scheitern muss, die seelische Verletzungen und Defizite in sich tragen

Mit der genannten Ungeduld strebte ich – ohne Genosse der SED zu sein oder werden zu wollen – Führungsfunktion in der Psychotherapiegesellschaft der DDR an und wollte unbedingt

„Reisekader" werden. Dies verstand ich als einen notwendigen expansiven Akt, um die persönliche psychische Einengung weiter zu überwinden und einen angemessenen fachlichen Austausch für meine eigenen konzeptionellen Erfahrungen und Entwicklungen zu finden.

Im Jahr 1989 bekam ich mehrere Einladungen in das „nichtsozialistische Ausland", und es begann für mich ein langer bürokratisch demütigender Kampf, die Erlaubnis für Dienstreisen in den Westen zu bekommen. Mit einer Gast-Einladung des Bundesministeriums für Jugend, Familie, Frauen und Gesundheit auf Veranlassung des Deutschen Kollegiums für Psychosomatische Medizin wurde ich endlich als Delegationsmitglied einer 11-köpfigen DDR-Delegation bestätigt, die zu einer Tagung vom 9. bis 11. November 1989 nach Gießen eingeladen war. Diese Tagung stand bezeichnenderweise unter dem Thema: „Neues Denken in der Psychosomatik" und ich konnte mich mit einem wissenschaftlichen Poster zum Thema „Die Bedeutung der Körpertherapien für das neue Denken in der Psychosomatik" beteiligen. Damit schien mein fachlicher Traum von einer „multimodalen" Psychotherapie endlich Interesse und Gehör zu finden. Mit dieser therapeutischen Orientierung, so hoffte ich, waren endlich die Machtspiele der konkurrierenden psychotherapeutischen Methoden zu überwinden. Und der jeweils hilfreichste Zugang zu den Problemen eines Patienten – fernab von Schulenstreit und bürokratischer Einengung – könnte gefunden werden.

Mit den körperpsychotherapeutischen Methoden hatte ich mir auch Chancen zur Behandlung der „Frühstörungen" eröffnet, die ich angesichts der Bedeutung von entwicklungspsychologisch frühen seelischen Verletzungen und Betreuungsdefiziten für die Entwicklung späterer autoritärer und repressiver sozialer Strukturen mit einer Tendenz zu Feindbildprojektionen als eine entscheidende Ursache erkannt hatte. Ich war begeistert, erstmalig öffentlich über diese Erfahrungen – erwachsen aus den psychodynamischen Erkenntnissen der DDR-Sozialisation

87

– reden und diskutieren zu können. Dabei hoffte ich auch auf einen kritischen Austausch über die psychosozialen Wurzeln des Nationalsozialismus und inwieweit die Behandlung dieser Ursachen in der Bundesrepublik gelungen sei. Dies war mit einigen Kollegen sehr gut möglich, so dass sich mir zunächst ein angenehmes und hoffnungsvolles Bild von den Verhältnissen in der Bundesrepublik eröffnete. Ich will hier besonders Horst-Eberhard Richter und Michael Lucas Moeller hervorheben, die ich bereits aus ihren Büchern und ihrem gesellschaftspolitischen Wirken kannte und die mir schon längst darin Vorbilder waren, wie psychoanalytische Erkenntnisse unbedingt in die gesellschaftskritische Diskussion gehören.

So hatte die Reise meine Ungeduld etwas beruhigen können, denn ich glaubte, einen Status erreicht zu haben, mit dem ich wesentliche persönliche und fachliche Weiterentwicklung erhoffen konnte. Ich brauchte dann einige Jahre, bis ich bereit war zu erkennen, dass der fachliche Austausch und die ausgesprochen freundschaftlichen Beziehungen zu einigen westdeutschen Kollegen nicht tragend und typisch für die sich entwickelnden Ost-West-Verhältnisse waren. Das einfühlsame Verständnis und die Wertschätzung unserer fachlichen und menschlichen Leistungen in der DDR durch einige Psychoanalytiker des Westens blieb die Ausnahme. Eine wechselseitige Anerkennung besonderer sozialisationsbedingter Herausforderungen wurde leider nicht zum Maßstab einer psychosozialen Vereinigung. Zum Beispiel im Osten: einem Kollektivierungsdruck und Denunziationsversuchungen zu widerstehen. Im Westen: im Konkurrenzdruck menschliche Solidarität zu bewahren – ebenso wie die wechselseitige Kritik von psychosozialen Fehlentwicklungen: im Osten die Analyse des „Untertan-Syndroms" und im Westen des „Obertan-Syndroms". Die großartigen Hoffnungen, die sich am 9. November 1989 für mich in Gießen zu erfüllen schienen, zerrannen allmählich an der Vereinigungsrealität, was mir bis heute Sorge und Unbehagen bereitet, weil ich davon ausgehen muss, dass wieder eine Chance tieferer Erkenntnis von Verhaltensmotiven verspielt worden ist auf einem sehr primitiven Spaltungsniveau von: Wir gut – Ihr schlecht!

Aber im November 1989 war das alles noch kein Thema, sondern durch die aktuellen Ereignisse waren klare Gedanken wie in einem Rausch benebelt. Als in den Abendstunden des 9. November 1989 die Nachricht durchsickerte, dass die Berliner Mauer „gefallen" sei, kam es auf unserer Tagung in Gießen spontan zu einem Ost-West-Forum der anwesenden Teilnehmer mit großartigen Szenen der Begeisterung und Anteilnahme. Ich war von einem Gefühlsgemisch überfordert, ich taumelte zwischen Ungläubigkeit, Überraschung, Begeisterung, Zweifel, Erleichterung, Genugtuung und Beunruhigung. Verständlicherwie beschämenderweise dominierte in mir das aktuelle Erleben über alle kritischen Überlegungen und strategischen Entscheidungen. So war plötzlich der ganze Kampf um die Reiseerlaubnis – der eine übermäßige existenzielle Bedeutung erlangt hatte – nur noch albern und nahezu grotesk. Machtstrotzende Bürokratie und Todesbedrohung bei Grenzverletzung waren nur noch Schall und Rauch – das war zu viel für meine Seele: Wenn sich überwertige reale Grenzen ins Nichts auflösen, verliert die Seele ihren Rahmen und aus der Tiefe werden Sehnsüchte und Bedrohungen frei, die erst mal verdaut werden müssen. Mein durch reale Leistungen erworbenes Reiseprivileg hatte plötzlich keinen Wert mehr. In absurder Weise wurde die Freude und Erleichterung über das völlig unerwartete Ereignis getrübt durch den Ausschluss von der „Ur-Erfahrung", die Grenze ohne Bürokratie und Passkontrolle überschreiten zu können. Der privilegierte Reisekaderstatus – obwohl redlich, ohne größere Verbiegung außer der Bittstellung erworben – war unerwartet ein eher beschämender Umstand, als wenn ich nicht mein Reiserecht mit allen und für alle erkämpft hätte. Eine solche Chance

Ich war von einem Gefühlsgemisch überfordert, ich taumelte zwischen Ungläubigkeit, Überraschung, Begeisterung, Zweifel, Erleichterung, Genugtuung und Beunruhigung

Hans-Joachim Maaz

aber lag damals auch völlig außerhalb vorstellbarer Realitäten. Auf jeden Fall konnte ich die späteren Klagen von aus der DDR geflüchteten und mit entwürdigenden Sanktionen Ausgereisten verstehen, die mitunter keine Freude über das eroberte „Geschenk" der Grenzöffnung aufbringen konnten, angesichts der lebensbedrohlichen Gefahren und der Schikanen, mit denen sie ihre Heimat verlassen hatten. Der besondere Mut, mit dem sie gehandelt hatten, und die Vorteile, die sie sich für ihr Leben erhofft hatten, waren nun entwertet. Dagegen wurden manche Vorteile, die die ehemals Zurückgebliebenen mit dem Vereinigungsprozess erfahren durften (Geldumtausch, Aufwertung von Haus und Boden, berufliche Anerkennungen, Übernahme von Renten, Versicherungen und Sozialleistungen), mit Neid und Ärger quittiert.

Als ich von der Dienstreise wieder nach Hause kam, musste ich auch von den – sicher unvergesslichen – Erlebnissen hören, die Freunde und Verwandte im abenteuerlichen Autokorso über die offene Grenze gemacht hatten. Irgendwie war mir das Geburtserlebnis der Freiheit verloren gegangen, ich hatte die äußere Freiheit quasi wie durch einen „Kaiserschnitt" erworben. Diese unmittelbaren Affekte zu der Grenzöffnung haben bei mir aber nicht lange angehalten, sondern sind durch enttäuschte Hoffnungen über den dann folgenden Vereinigungsprozess bald abgelöst worden. Ich war sehr für die deutsche Einheit, hätte aber einen „3. Weg" bevorzugt, der nach Analyse der positiven und negativen Sozialisationsfolgen aus sozialistischen wie kapitalistischen Lebensformen eine intensive Auseinandersetzung über unsere Zukunft gefördert hätte und schließlich zu einer gemeinsamen Verfassung hätte führen müssen. Was wir heute zur Kenntnis nehmen müssen, dass der Kapitalismus nicht das Ende der Geschichte sein kann und seine spürbaren Fehlentwicklungen die Demokratie gefährden können, das war im Siegesrausch des Westens vor 20 Jahren nicht ernsthaft zu diskutieren, aber angesichts der Machtverhältnisse, wie die Vereinigung auf der Grundlage einer psychologisch wirksamen

Herrschafts-Unterwerfungs-Kollusion vollzogen wurde, durchaus vorhersehbar.

Insofern trägt der 9. November für mich nicht nur die Freude über ein unerwartetes und befreiendes Ereignis deutscher Geschichte, sondern auch die beängstigende Enttäuschung, dass die psychosozialen Grundlagen historischen Geschehens wieder mal außer Acht gelassen wurden und so unerkannt und ungelöst weiterwirken können. Mit Herrschafts-Unterwerfungs-Kollusion spreche ich das Zusammenspiel von Verhaltensweisen an, die wie Schloss und Schlüssel zusammenpassen: auf westdeutscher Seite das unbedingte Dominanz- und Konkurrenzverhalten, als Ergebnis entfesselter kapitalistischer Marktverhältnisse, und auf ostdeutscher Seite die angelernte und aufgenötigte Unterordnung und individuelle Selbstabwertung. Beide Verhaltensorientierungen sind einseitig und bergen Gefahren individueller und kollektiver Fehlentwicklungen in sich. Auf der einen Seite droht das süchtige Siegenmüssen, das auch die Finanzkrise psychologisch gesehen mitverursacht hat. Es ist das Zusammenwirken gierigen Gewinnstrebens zwischen Bänkern und Anlegern, die zwischenmenschliche Beziehungsstrukturen, das Gemeinwohl und die Solidaritätsidee den narzisstischen Bedürfnissen opfern. Und auf der anderen Seite führen die narzisstischen Defizite zu der irrationalen Hoffnung, irgendwie gerettet werden zu können. Die individuelle Anstrengung und Verantwortung werden einer Erlösungserwartung geopfert.

So bleibt der 9. November 1989 ein Datum, ein Zeichen für mich, dass völlig unerwartet etwas Großartiges geschehen kann, und zugleich der belastende Beweis, dass frei werdende Chancen für tiefere Erkenntnis und wesentlichen Entwicklungsfortschritt leichtfertig vergeben werden. Die Gründe dafür sehe ich in seelischen Abwehrmanövern, die es den „Siegern" schwermachen, eigene Fehlentwicklungen für möglich zu halten und es den „Verlierern" ersparen, zu verantwortendes schuldiges Fehlverhalten zuzugeben. 20 Jahre später sind die bedrohlichen

Gefahren einer auf Profit und Rendite basierenden Lebensform nicht mehr zu übersehen, aber ein gesellschaftlicher Reifeschritt kann nur gelingen, wenn die Mehrheit der Menschen sich auf eine Beziehungskultur besinnen könnte, mit der Gefühle für Gerechtigkeit und Solidarität wachsen können. Für diese humane Reife ist die Erkenntnis und „gefühlsgetragene" Verarbeitung eigener Fehler, Schwächen und Begrenzungen Bedingung. Der 9. November 1989 war eine Chance dafür, aber das erhoffte Glück (Ost) und das große Geschäft (West) haben uns betäubt und auf beiden Seiten fehlen lassen. Nun müssen wir hoffen, dass wachsende Not uns zur tieferen Einsicht und zu veränderten Lebensformen zwingt.

Dieter Wellershoff

DIE MAUER IM KOPF

IN DER ZUKUNFT, dem Reich der noch unerschlossenen Möglichkeiten, besteht in der Regel eine nicht definierbare Mannig-
faltigkeit verschiedener Zukünfte. Sie sind noch unentfaltete
Tendenzen, die sich langfristig gebildet und allmählich verdich-
tet und verdeutlicht haben – aber noch immer einander überla-
gern, bis neu hinzukommende Elemente und vielleicht sogar ein
letztes, zufälliges Element entscheiden, welche Zukunft verwirk-
licht wird. So jedenfalls sah es bei der spektakulären Öffnung
der Berliner Mauer aus, als im Fernsehen Günter Schabowski,
selbst Mitglied des SED-Zentralkomitees, wie beiläufig und
anscheinend ohne schon die Konsequenz zu begreifen, neben
anderen Verlautbarungen den Beschluss des Zentralkomitees
vorlas, dass die Grenzübergänge für den Reiseverkehr zwischen
der DDR und der Bundesrepublik geöffnet werden sollen. Auf
die Nachfrage eines Journalisten, wann dieser Beschluss in Kraft
trete, hatte er noch einmal in sein Papier geblickt und ein wenig erstaunt gesagt: „So wie ich das hier lese, sofort." Dadurch
wurde, explosiv verbreitet durch das Fernsehen, ein rasanter,

93

immer mehr anwachsender Ansturm auf die Grenzübergänge ausgelöst, dem auf der anderen Seite ein ebenso stürmischer und begeisterter Empfang entgegenkam. Wie unerwartet das Geschehen war, drückt sich für mich vor allem in der Erzählung Ostberliner Bekannter aus, sie hätten beim Einschalten des Fernsehberichtes zunächst gedacht, es handele sich um einen amerikanischen Propagandafilm.

Natürlich waren die Dinge durch die Montagsdemonstrationen in Leipzig, die immer mehr Zulauf bekamen, und die vielen nicht mehr rückkehrwilligen DDR-Touristen, die in den bundesdeutschen Botschaften von Warschau und Prag Asyl gesucht hatten und erfolgreich auf ihre Ausreise gewartet hatten oder von Ungarn über Österreich in die Bundesrepublik geflohen waren, schon so weit vorangeschritten, dass der Prozess unumkehrbar war. Als die DDR mit einem befohlenen Umzug von Betriebsgruppen ihr 40-jähriges Bestehen zu feiern versuchte, stand Honecker längst ohne einen Rückhalt in der Bevölkerung, in der Partei und in der Sowjetunion auf dem Podium: apathisch und hilflos winkend wie eine Attrappe verfallender Macht. Gorbatschow, der die grundlegende Reform des stalinistischen Imperiums als eine historisch unvermeidbare Tendenz

Ich kenne Leute, die vor dem Fernseher angesichts dieser Bilder vor Glück geweint haben

erkannt und eingeleitet hatte, stand mit gefrorener Miene neben ihm. „Wer zu spät kommt, den bestraft das Leben", hatte er dem erstarrten Satellitenpräsidenten gesagt. Denn Honecker war in Moskau schon abgemeldet und die ihm nachgeordneten SED-Größen hatten sich ebenfalls von ihm abgewandt. Rette sich wer kann, war die Parole. Selbst der gefürchtete Staatssicherheitsdienst, der besser als alle wusste, wie die Dinge standen, suchte nach Möglichkeiten, sich aus der Affäre zu ziehen und das sinkende Schiff zu verlassen.

Das waren lauter dramatische Szenen, die dem historischen Prozess weltweit eine überwältigende Präsenz verliehen. Aber den tiefsten Eindruck machte der Jubel, mit dem sich die Men-

schen aus Ost und West in die Arme fielen und beim Brandenburger Tor gemeinsam auf die Mauer kletterten, die sie fast
drei Jahrzehnte getrennt hatte. Ich kenne Leute, die vor dem
Fernseher angesichts dieser Bilder vor Glück geweint haben,
weil sich die lange Verkrampfung einer durch Aussichtslosigkeit erzwungenen Anpassung in ihnen löste. Auch bei unseren
europäischen Nachbarn ließen diese bewegenden Szenen die
erstarrten Vorbehalte gegen eine deutsche Wiedervereinigung
schmelzen, denn was sie dort sahen, war der Vollzug des Men-
schenrechtes auf Selbstbestimmung gegen abstrakte, men-
schenfeindliche Gewalt.

Ich hatte das Glück, kurz nach der Maueröffnung nach Leipzig zu kommen. Und zwar im Rahmen eines Kulturaustausches,
der eines der Zugeständnisse war, die die total bankrotte DDR
machen musste, um lebensnotwendige Riesenkredite zu erhalten, die ihr der bayerische Ministerpräsident Franz Josef Strauß
als Preis für einige Liberalisierungen angeboten hatte. Nach
der Wiedervereinigung erzählten mir Freunde aus Magdeburg,
dass sie über diesen Deal entsetzt gewesen seien, weil er der
DDR zwei Jahre weiteren Überlebens ermöglicht habe. Aber
dass die Lage der DDR und des ganzen Ostblocks schon final
war, hat Strauß damals nicht erkannt. Wie alle anderen westlichen Politiker hat er auf Koexistenz und langfristigen Wandel
gesetzt. Natürlich war auch das ein Kalkül aus Überlegenheit,
was Honecker in seiner wachsenden Bedrängnis wohl gespürt
hat. Denn er hat den vereinbarten Kulturaustausch wieder verboten. Kurz danach wurde er wie eine mattgesetzte Schachfigur
vom Brett genommen. Krenz trat an seine Stelle und erneuerte
sofort den verabredeten Kulturaustausch, um sich im Westen als
Verhandlungspartner zu empfehlen. So wurde mir wenige Tage
nach der Maueröffnung die Teilnahme an einem historischen
Geschehen beschert, dessen Bedeutung ich nur mit dem Ende
des Zweiten Weltkrieges vergleichen konnte, das ich als neun-
zehnjähriger Soldat erlebt hatte. Damals begann für mich ein
neues Zeitalter und ein anderes Leben, das ich von Grund auf

95

zu lernen begann. Ich nannte es meine „Zweite Geburt". Auch jetzt war ich in ein Geschehen geraten, dessen welthistorische Konsequenzen sich erst abzuzeichnen begannen. Es war eine Revolution neuen Stils. Ihre durchschlagende Wirkung beruhte nicht auf körperlicher Gewaltausübung, sondern darauf, dass sie dank der neuen Medien auf einer weltweiten Bühne vor einer riesigen Zeugenschaft stattfand und mit ständig wachsenden Menschenmassen und den Rufen „Wir sind das Volk" und „Wir sind ein Volk" anschaulich und überzeugend den elementaren menschlichen Wunsch nach Veränderung und freiheitlicher Selbstbestimmung ausdrückte. Das war keine Szene, in die man blindlings hineinschießen oder mit Panzern hineinfahren konnte. Theoretisch wäre es zwar möglich gewesen. Aber es geschah nicht. Wahrscheinlich weil es nichts mehr gab, was eine solch extreme Gewaltanwendung noch hätte motivieren können. Und auch, weil auf die Instrumente für eine blutige Niederwerfung einer solchen Massenbewegung kein Verlass mehr war. Die Zeiten der militärischen Niederwerfung des Berliner Arbeiteraufstandes, des ungarischen Aufstandes und des Prager Frühlings waren vorbei.

Ich erlebte die Tage in Leipzig als ein einziges großes Fest, umgeben von Menschen, die wie verwandelt waren. Überall sprach man miteinander, überall herrschte Begeisterung. Auch ich als Westdeutscher wurde überall einbezogen in diese neue Stimmung freudiger Einigkeit. Ich nutzte meinen Lesetermin zu einem Gespräch über die gegenwärtige Situation und ihre Perspektiven. Und ich nahm an einem Gottesdienst in der Nikolaikirche teil, bei dem viele Menschen in persönlichen Bittgebeten ihre Wünsche für ein neues Leben in einer neuen Zukunft formulierten. Als der Gottesdienst zu Ende ging, hörte ich schon die Sprechchöre der Montagsdemonstration, die draußen vorbeizog, und schloss mich wie die meisten Kirchenbesucher dem Zug an, der auf der Ringstraße um die Innenstadt zog. In den Fenstern aller Häuser brannten Kerzen. Nur das große Gebäude der Stasi war finster. Es wurde von Demonstranten, die

brennende Fackeln in der Hand trugen, gegen mögliche Über-
griffe geschützt, um keine Gegengewalt zu provozieren. „Keine
Gewalt!", riefen die Demonstranten. Dann folgten wieder Spott-
verse und das Bekenntnis: „Wir sind das Volk!"

Es war eine geistreiche, heitere Revolution, deren Ergebnis nicht nur die deutsche Einheit war, sondern die Auflösung
des stalinistischen Imperiums und damit das Ende des Kalten
Krieges und seiner lähmenden Ruhe unter der ständigen Drohung des atomaren Patts.

Die mit Waffengewalt und Schießbefehl gesicherte Mauer
war das Symbol der unheilvollen, gewaltträchtigen Spaltung
der Welt geworden. Als sie 1961 gebaut wurde, waren bis da-
hin schon 2,1 Millionen Einwohner der DDR in den Westen geflohen, ein Strom, der nicht abzureißen drohte. Der Mauerbau
sollte der DDR eine Konsolidierungsphase einräumen, in der
sie die gravierenden Defizite gegenüber der Bundesrepublik so
weit überwinden sollte, dass die Menschen keinen Grund mehr
hatten, in den Westen zu fliehen. Aber dieses Ziel entschwand
als ein Nimmerleinstag immer weiter in der Ferne. Und immer
wieder nahmen Menschen abenteuerliche Risiken in Kauf, um
in den Westen zu gelangen. Als dann
Honecker gegen Ende seiner Regie-
rungszeit auftrumpfend sagte: „Die
Mauer steht noch hundert Jahre", war
das ein ungewolltes Eingeständnis
der Aussichtslosigkeit des Versuches, im Wettstreit der gesellschaftlichen Systeme irgendwann den mehrfach angekündig-
ten Gleichstand oder sogar die Überlegenheit zu erreichen.
Aber das hat er anscheinend nicht begriffen. Er hatte vermutlich
sagen wollen: „Wir halten durch. Uns kann man nichts anha-
ben. Denn die Mauer schützt uns dauerhaft." Aber das hatte ja
nicht einmal in China hinter der großen Mauer geklappt.

Auch im Westen hat niemand die ganze Dimension des
Geschehens sofort begriffen. Auch als die reale Mauer schon
durchbrochen war, gab es noch die Mauer im Kopf. Dass die

Auch als die reale Mauer schon
durchbrochen war, gab es noch die
Mauer im Kopf

97

DDR in kurzer Zeit von der Landkarte verschwinden würde und der ganze osteuropäische Satellitengürtel der Sowjetunion, einschließlich der Ukraine, Weißrusslands, der Baltenländer und der Kaukasusvölker, sich von Russland lösen würde, überschritt jede Fantasie. Auch Bundeskanzler Kohl, der gemeinsam mit Außenminister Genscher und im Austausch mit Gorbatschow und mit Rückendeckung durch den damaligen amerikanischen Präsidenten Bush den umfassenden Wandlungsprozess erfolgreich gemanagt hat, dachte zunächst noch an eine allmähliche Annäherung der beiden deutschen Staaten in einer Konföderation von Bundesrepublik und DDR. An eine solche schrittweise Annäherung dachte wohl auch Willy Brandt, als er gegen alle möglichen Skeptiker – auch in seiner eigenen Partei – den vielzitierten Satz formulierte, dass nun alles geschehen müsse, „damit zusammenwachsen kann, was zusammengehört". Und so ist es auch geschehen: rasch wie ein naturwüchsiger Prozess. Die Ereignisse sind dem Denken vorausgelaufen. Aber nicht davon.

Ich habe die Teilung des nach dem Krieg noch verbliebenen Restdeutschlands in zwei konträre Staaten immer als eine tiefe unheilbare Wunde empfunden. Die Grenzziehung erschien mir nicht weniger schwerwiegend und absurd als eine auf der Höhe des Mains verlaufende Trennung von Nord- und Süddeutschland es gewesen wäre. Dass sie von der Geschichte annulliert worden ist, bleibt für mich ein großes, dankbar erlebtes Wunder. Gleich nach der Wende haben meine Frau und ich damit begonnen, uns in jährlichen Frühjahrs- und Herbstreisen mit dem schönen Land zwischen Thüringen und Sachsen und der Ostsee wieder vertraut zu machen. Schon die Städtenamen Leipzig und Dresden, Naumburg und Wittenberg, Weimar und Jena, Magdeburg und Greifswald, um nur einige zu nennen, waren für uns voller lebendiger Assoziationen. Aber der Zustand mancher Innenstädte war schockierend. Umso befremdeter war ich, als ich noch während der Wiedervereinigung einen Aufruf von DDR-Schriftstellern las, die unter dem Titel „Für unser Land"

für die Erhaltung einer demokratisch renovierten DDR plä-
dierten. Da hatten sie sich drastisch im Wort vergriffen. Denn
das Staatsgebiet der DDR war nicht nur „ihr Land", sondern seit
eh und je auch „mein Land". Sie waren nur darin eingesperrt
und ich davon ausgesperrt gewesen. Als ich das einem Redak-
teur der in Ostberlin erscheinenden Zeitschrift „Neue Deutsche
Literatur" erzählte, war der völlig verblüfft. „Ach, so sehen Sie
das!", sagte er. Für mich war das selbstverständlich. Für ihn war
das neu. Da stand sie wieder: die Mauer im Kopf! Aber nun
erkannten wir sie beide.

Helga Schubert

KEINE ANGST

ICH BIN EIN Kriegskind, ein Flüchtlingskind, ein Kind der deutschen Teilung. Auch heute noch, 19 Jahre nach dem 9. November 1989, sehe ich aus dem Zugabteil die Grenze von damals leibhaftig, auf dem Todesstreifen sind die Sträucher und Bäume noch jünger, erst DANACH angepflanzt.

Am 9. November 1989 war ich fast fünfzig Jahre alt und hatte noch niemals frei gewählt.

Wie als Zeugin vor einem Gericht könnte ich über diesen Tag berichten: Was ich sah und hörte und dachte. Davor und auch in der Zeit danach. Doch es gibt kein weltliches Gericht mehr dafür: Bis auf Mord ist alles verjährt.

Kann ich vom 9. November literarisch erzählen? Mit Selbstironie, Distanz, aus verschiedenen Blickwinkeln, mit einem ersten Satz, der die Pointe unmerklich vorbereitet, denn sie muss überraschend kommen, den Leser verblüffen, heimlich sentimental machen, aber in seine Gegenwart entlassen.

Nichts Eindeutiges, Belehrendes, Aufklärerisches.

Vor allem ohne Pathos – und was waren wir pathetisch:

Eine Veranstaltung in der Berlin-Lichtenberger Erlöserkirche Ende Oktober 1989 hieß „Gegen den Schlaf der Vernunft". Zu einer solchen Veranstaltung würden doch heute nie 6000 Leute kommen. Oder würden Sie heute plötzlich von der Marienkirche am Alexanderplatz in Berlin auf die Straße rennen, zwischen die Autos, die Fahrbahn blockieren und „Schließt euch an" rufen? Oder rhythmisch „Die Mauer muss weg" skandieren, Mauer auf einer Silbe, wie Maur, oder „Volkskammer untern Hammer" mit anderen Erwachsenen montags um 17 Uhr nach der Arbeit im Büro? Man würde Sie festhalten, mit dem Handy 112 wählen und freundlich in die Notaufnahme der Psychiatrie bringen.

Als Schriftstellerin braucht man etwa 15 Jahre Distanz, ehe man von einem wichtigen Ereignis literarisch erzählen kann, soll Anna Seghers gesagt haben. Doch für ihr „Siebtes Kreuz" hat sie sich nicht daran gehalten, vielleicht, weil sie nichts davon erlebt hat, alles schon gefiltert erzählt bekam von Flüchtlingen aus Deutschland und unmittelbar schrieb, in der Emigration schrieb?

Ihre Distanz zum Tatort war die von Kontinenten.

Die geforderten 15 Jahre seit dem 9. November 1989 wären für mich schon seit vier Jahren um. Aber ist dieser 9. November 1989 überhaupt ein Ereignis, zu dem ich Distanz aufbauen muss? Oder kann? Eine Revolution, die uns alle betraf, nicht nur mich? Vielleicht ist nur das schwächste Glied in der Kette der Diktatur gerissen? Die Maueröffnung, die Reiseerleichterung als Ablenkungsversuch?

Es gab ja so viele Freiheiten, die wir nicht hatten. Ein Untertan in der Diktatur wird doch durch die gewährte Reiseerleichterung eher gelenkt, diszipliniert: Wenn du uns außerhalb der Grenzen schlecht machst, wenn du uns beim Klassenfeind verspottest, dann lassen wir dich nicht wieder hinein.

Viel gefährlicher wird der Untertan und er bleibt bald kein Untertan mehr, wenn er unabhängige Zeitungen liest und darüber mit seinen Kollegen spricht, wenn er öffentlich seine Meinung äußert ohne Angst vor Verhaftung, wenn er Parteien gründet oder ihr Mitglied wird, wenn er frei und geheim wählt und gewählt werden kann, wenn er ohne Druckerlaubnis veröffentlicht.

Und am gefährlichsten scheint er den Oberen, wenn er das alles fordert und die andern womöglich aufwiegelt.

Sie ließen mich beobachten, fanden mich feindlich-negativ, und sie ließen mich trotzdem in den Westen reisen: ein unglaubliches Privileg. Ein Privileg, das verdächtig machte, sowohl gegenüber den Mitbürgern, die nicht reisen durften, als auch den Menschen außerhalb der DDR-Grenze.

Wie sollte ich ihnen verständlich machen, dass ich das politische System in der DDR fürchtete und trotzdem zurückfuhr hinter den Minengürtel?

Andere mussten beim Fluchtversuch sterben oder nach ihrem Ausreiseantrag Demütigungen hinnehmen, wir Schriftsteller durften uns Gründe für unsere Anträge auf ein Dienstvisum mit Rückkehrerlaubnis am selben Abend ausdenken:

Ein Kollege wollte sich genau den Ort ansehen, an dem sich Heinrich von Kleist am Wannsee erschoss, ich wollte in der Westberliner Staatsbibliothek, obwohl ich sie vielleicht auch irgendwo im Osten in einer Unibibliothek gefunden hätte, die Akten von Denunziantinnen der NS-Zeit von den Nachkriegsgerichten lesen.

Bei meinem ersten Mal im Westen ging ich zur Mauer und fasste sie an, den körnigen, bemalten Beton, bestieg die Holztreppen wie einen Anstand zur Jagd, am Potsdamer Platz und am Brandenburger Tor, und besah meine Mitbürger von außen, wie Eisbären im Zoo, von außen, von uns aus betrachtet. In Wirklichkeit sah man ja im Westen die Mauer von innen, denn Westberlin war eingemauert, nicht wir, obwohl ich mich im Osten eigentlich seit 1961, seit meinem einundzwanzigsten Lebensjahr, so fühlte.

Ohne Aussicht auf Änderung.

1980. Ziehen Sie Ihren Antrag auf Ausreise zurück: Sie werden der Einladung zum Ingeborg-Bachmann-Preis in Klagenfurt nicht folgen, wollen Sie etwa Reich-Ranicki vortanzen? (In meiner Staatssicherheitsakte ist von diesem Jury-Vorsitzenden als einem berüchtigten Antikommunisten die Rede und: Durch den Ingeborg-Bachmann-Wettbewerb soll das derzeitig von feindlichen Kräften betriebene Weiterbestehen einer einheitlichen deutschsprachigen Literatur weiter hochgespielt werden). Ich zog den Antrag nicht zurück – sie mussten es mir verbieten.

1983. „Wenn Sie den Falladapreis annehmen – und das ein Jahr nach Erich Loest – für Ihr Buch, das nur im Westen gedruckt wird, verschaffen Sie diesem Buch Aufmerksamkeit und schaden damit dem Ansehen der Kulturpolitik der DDR in den Augen fortschrittlicher Intellektueller im Westen, die dann schlussfolgern könnten, bei uns gebe es eine Zensur, denn warum durfte das Buch nicht in der DDR

Sie ließen mich beobachten, fanden mich feindlich-negativ, und sie ließen mich trotzdem in der Westen reisen

erscheinen. Darum müssen Sie ihn ablehnen, wenn nicht, bekommen Sie das Ausreisevisum und können gleich im Westen bleiben."

„Wir haben erfahren, dass Sie übermorgen in Brüssel nicht nur an der Uni lesen wollen, wie Sie es beantragt haben, sondern dort auch im BRD-Goethe-Institut zusammen mit Herta Müller angekündigt sind. Die haben doch einen gesamtdeutschen Alleinvertretungs-Anspruch. Wenn Sie nicht hier am Telefon sagen, dass Sie von dieser Absicht zurücktreten, wird Ihr Ausreisevisum morgen am Flughafen ungültig gestempelt." **103**

Dann erschien Gorbatschow als übermächtige Figur, die nicht mehr übermächtig sein wollte und die Vasallen mit ihren Völkern allein ließ:

In Ungarn schnitten sie ein Loch in den Grenzzaun, aus den bundesdeutschen Botschaften in den Ostnachbarländern durften DDR-Bürger ausreisen.

Aber in Peking erschossen sie Demonstranten, ein Politbüromitglied der SED fuhr hin und gratulierte. Wollte er uns warnen?

1989. „In der Neuen Zürcher Zeitung ist eine Erzählung von Ihnen erschienen, wo haben Sie das Belegexemplar und das Geld?"

Anfang September 1989 folgte ich, ohne um Erlaubnis zu fragen, der Einladung zu einer Fernsehdiskussion im SFB in Westberlin und sagte dort, dass ich im Staat DDR Angst habe und warum. Am nächsten Tag in Ostberlin wurde ich von einem Magistratsangestellten auf der Straße und von einem Studenten in der S-Bahn, die das beide gesehen hatten, angesprochen: Im Seminar und in der Arbeitsstelle hätten sie darüber diskutiert und sich gewundert, dass es nicht nur ihnen allein so geht. Von Angst zu reden macht Mut, sagte der Student dringlich, der mit mir am S-Bahnhof Marx-Engels-Platz ausstieg, obwohl er noch eine Station weiter fahren musste. Er wollte mir das auf dem Bahnsteig noch sagen: Wenn so viele Angst haben? Ihm mache das Mut. Das könne er sich nicht erklären. Angst müsste sich doch eigentlich potenzieren? Komisch.

Er nahm die Bahn drei Minuten später und fuhr weiter zur Uni.

In derselben Woche lud mich eine Gruppe evangelischer Pastoren ein. Einer hatte nachts Unter den Linden vor der Universität Panzer fahren sehen, sie schienen aus dem Untergrund zu kommen, als ob da quer unterirdische Straßen liefen in Höhe von Friedrich dem Großen, Richtung Staatsoper. Unheimlich.

Ist Gott für uns, wer mag wider uns sein, ist mein Konfirmationsspruch. Aber wo sind die Fronten?

Am 14. September 1989 nahm ich an einer Mitgliederversammlung des Berliner Schriftstellerverbandes teil: „Die Sch. (Die Sch.: welche Verachtung in diesem Wort ‚DIE‘) erschien mit einer vorbereiteten Resolution (das stimmt nicht, denn ich habe sie spontan formuliert, aber so stand es schon am nächsten Tag als Spitzelbericht auf der Karteikarte des MfS-Offiziers, der mich damals seit 14 Jahren observieren ließ, mein Spitzel war ein früherer SS-Mann mit dem Decknamen ‚Adler‘), worin sie aufforderte, sich mit solchen Menschen zu solidarisieren, die an Demonstrationen teilnehmen und dadurch den ‚Repressalien‘ (das setzte der Offizier in Anführungszeichen, seine Zensur im Kopf) der Sicherheitsorgane ausgesetzt sind, Freiheit für kritische Gruppen und Demonstrationsrecht sei für diese notwendig. Die Privilegienwirtschaft und das Meinungsmonopol müssten abgeschafft werden."

Ich fand keine Unterstützung, wunderte mich auch nicht, denn mehr als die Hälfte der Berliner Schriftsteller waren SED-Mitglieder, die sich vor jeder, auch vor dieser, Versammlung getroffen hatten und dabei Inhalte, Diskussionsredner, Strategie und Taktik festlegten. Keine Überraschungen! Man einigte sich sinngemäß auf die Bitte, die SED-Parteiführung möge sich zu einem Dialog bereitfinden.

Huldvolle Änderungen untertänigst erbeten, dachte ich und sah, wie sich viele Hände hoben.

Der Offizier der Abteilung XX des MfS, der diese Spitzelberichte über mich 14 Jahre lang in Auftrag gab und entgegennahm, hat sich übrigens ein paar Jahre später bei den Aufnahmen für einen Dokumentarfilm über Literatur und Staatssicherheit bei mir entschuldigt: Er spüre Reue und Scham, zumal ihm die Observierung von uns evangelischen Christen geholfen hätte, nach dem 9. November 1989 keine Angst um sein Leben zu haben: Die tun uns nichts, hätte er zu seinen Genossen gesagt, die Lynch-justiz befürchteten, denn die wollen wirklich keine Gewalt: Die wollen nur eine andere Gesellschaftsordnung.

Ob wir es wohl wagen sollten, fragte mich ein evangelischer Pastor in Stralsund im Oktober 1989, nach dem Friedensgebet übermorgen, am nächsten Montagabend, mit unseren Kerzen auf die Straße zu gehen, nur ein paar Meter hinaus, in den öf-fentlichen Raum? In anderen kleineren Städten wird das auch überlegt. Wir sind ja nicht in Leipzig oder Dresden, wir sind doch hier viel mehr auf uns allein gestellt.

Er wagte es.

Und es wagten viele Pfarrer, auch die von Dambeck, Prose-ken, Alt Meteln und vielen Dörfern um uns herum hier in Meck-lenburg.

Alle, die ich gefragt habe, wissen, was sie am 9. November 1989 gemacht haben:

„Ich bin noch in der Nacht rübergefahren", oder: „Ich hab es erst am nächsten Morgen gemerkt", oder: „Ich", sagte mir einer aus dem Dorf, „bin dann erst im Dezember gefahren, das Begrü-ßungsgeld holen, waren doch 50, nein, 100 D-Mark, der Junge wollte uns ja noch am Abend mit dem Auto in den Westen mit-nehmen, aber was sollte ich da, ich hatte mir ja alles schon im September angesehen: Da durfte ich doch zum Geburtstag der Schwägerin. Sogar mit meiner Frau zusammen durfte ich da ausreisen."

Durfte, durfte.

Am 9. November 1989, kurz vor 19 Uhr, holte mich, wie verabredet, eine junge Ostberliner Pastorin zu dem ökume-nischen Gottesdienst in der Sophienkirche in Berlin-Mitte ab: Wir wollten der brennenden Synagogen 1938 gedenken. Im Dietz-Geschichtskalender der DDR für 1989 stand davon nichts, sondern drei andere Ereignisse: 905–959 Konstantin VII. Porphyrogennetos (der Purpurgeborene). Byzantinischer Kaiser. Verfasser zahlreicher Werke über Staatsverwaltung.

1799 (18. Brumaire des Jahres VIII). Französische Revolution. General Napoleon Bonaparte stürzt durch einen Staatsstreich das Direktorium.

1918 Deutschland. Beginn der Novemberrevolution.

Die Pastorin sagte, dass im DDR-Fernsehen die Übertragung einer Pressekonferenz mit einem Mitglied des Politbüros der SED laufe, ich sollte doch mal anschalten: (In meiner Kindheit gab es noch die Zeiteinheit Ulb: Das war der Sekundenbruchteil zwischen dem Erkennen eines Ostsenders mit Ulbrichts Stimme bis zum Abschalten. 1989 hieß die Zeiteinheit Schnitz: Benannt nach dem Journalisten Karl Eduard von Schnitzler und seinem Schwarzen Kanal. Ich sah stattdessen im Westfernsehen die Bundestagsdebatten, lernte, dass man Leute mit einer anderen politischen Meinung anhören und ausreden lassen muss. Dieses Training im Formulieren und Abwägen in einer Welt, in der man nicht lebte.) Mein Mann, die Pastorin und ich standen nun vor dem Fernseher in unserer Wohnung im 13. Stock der Rathausstraße am Alexanderplatz und sahen diesen Politbüromann kurz vor Schluss seinen Zettel aus der Sakkotasche hervorziehen und vorlesen, dass die DDR-Bürger ohne Vorliegen von Voraussetzungen bei der Volkspolizei unbürokratisch eine Erlaubnis zu Ausreisen erhalten könnten und zwar über alle Grenzübergangsstellen. Um pünktlich zum Gottesdienst zu kommen, mussten wir losgehen. Also keine wirkliche Reisefreiheit, dachte ich. Man muss bitten, um mit der S-Bahn nach Westberlin fahren zu dürfen.

Fünf Tage vorher hatten wir dort unten am Alexanderplatz mit 800 000 anderen Informations- und Pressefreiheit gefordert.

Wir gingen zu Fuß zur Kirche, am Neptunbrunnen vor dem Roten Rathaus vorbei, an der Marienkirche, die Spandauer Straße entlang, am Bahnhof Marx-Engels-Platz vorbei. Kaum Menschen auf der Straße. Vorbei an der Gedenktafel für die Abtransporte der jüdischen Mitbürger in die Vernichtungslager im Zweiten Weltkrieg. Nach dem Gottesdienst versammelten wir uns am Grabstein von Moses Mendelssohn, legten einen Stein darauf und verabredeten uns zum nächsten Treffen. Kein Wort von der Pressekonferenz.

Zu Hause hatte mein Mann inzwischen eine Diskussion mit Momper, dem Regierenden Bürgermeister von Westberlin, gesehen. Man plante, die Ausgabestellen für das Begrüßungsgeld am nächsten Tag länger zu öffnen, falls schon die ersten Ostberliner nach Westberlin dürften. Momper habe plötzlich einen Zettel zugeschoben bekommen, ihn gelesen und mit den Worten „Mein Platz ist jetzt woanders" das Fernsehstudio verlassen. Daraufhin habe sich der Sender Freies Berlin entschlossen, von den Grenzübergangsstellen direkt zu übertragen:

Tausende liefen an den verblüfften Grenzern vorbei, manche hielten ihren Personalausweis hoch

Tausende liefen an den verblüfften Grenzern vorbei, manche hielten ihren Personalausweis hoch. Der Kaiser war nackt – mein Lieblingsmärchen wurde wahr nach 28 Jahren, zwei Monaten und 27 Tagen. Wir umarmten uns und weinten vor Erleichterung, wie schon bei diesem Aufschrei in der Prager Botschaft nach Genschers Worten.

Jetzt zum Brandenburger Tor, obwohl wir wussten, dass dort kein Grenzübergang war, der geöffnet werden könnte.

Mister Gorbatschow, open the door.

Wir gingen mit vielen anderen Menschen, die wohl auch alle aus dem Bett aufgestanden waren, die Straße Unter den Linden auf das Brandenburger Tor zu. Der Pariser Platz war abgesperrt und menschenleer – bis auf wenige bewaffnete Grenzer.

Wir blieben stehen: Auf der Mauer, von uns aus gesehen hinter dem Brandenburger Tor, tanzten Westler mit Sektflaschen, obwohl die Ost-Grenzer sie mit Megafon aufforderten, die Grenzsicherungsanlagen zu räumen, und mit Wasserwerfern drohten, zwei sprangen in den Osten hinunter, einer davon mit seinem Fahrrad. Sie gingen an den Soldaten vorbei und riefen uns zu: „Klettert doch einfach rüber." Dann verschwanden sie in Richtung Osten.

Die Nacht hat zwölf Stunden, dann kommt schon der Tag, hörte ich 1961 nach dem Mauerbau immer von der Schallplatte beim Windelnplätten.

Mein Mann und ich stiegen über die nur hüfthohe Abgrenzung, von hinten wurde ich festgehalten, eine Fotografin mit beschwörender Stimme: „Helga, macht das nicht, ihr müsst Vorbild sein, sieh doch mal die vielen jungen Menschen. Wenn sich die Grenzer provoziert fühlen, werden sie schießen, geht bloß nicht weiter."

Mein Mann aber ging auf einen einzeln dastehenden Volkspolizeioffizier zu und fragte, wie er das alles finde. Der antwortete: „Ick finde det wunderbar, die haben uns doch jenau so beschissen wie Sie."

Die Grenzertruppe mit ihrem Offizier stand wie in einem Spalier zu uns, im rechten Winkel zur Grenze, und sah uns nicht an. Ich ging auf sie zu und sagte Guten Abend – so wie der tot geglaubte König in Andersens Märchen von der Nachtigall Guten Morgen zu seinen Höflingen sagte. „Die Menschen hinter der Absperrung befürchten, dass Sie schießen, aber die anderen Grenzübergangsstellen sind geöffnet, ich habe es selbst im Fernsehen gesehen."

„Alles illegal", murmelte der Offizier. (Vielleicht hatte er Todesangst.)

Ein Soldat, der doch gar nicht reden durfte in Gegenwart seines Vorgesetzten, sagte leise: „Aber junge Frau, wir schießen doch nicht, wir haben doch unsere Gewehre auf dem Rücken."

Ein halbes Jahr zuvor noch hatten solche wie diese an der Berliner Mauer Chris Gueffroy getötet, der mit seinem Freund fliehen wollte. (Vielleicht hofften sie jetzt, von einem Fluch erlöst zu werden?)

Wir nahmen uns an die Hand und gingen durch die Säulen des Brandenburger Tors, dazwischen Beton-Blumenkübel als Hindernis.

Ich drehte mich um:

Oben an der Säule war ein Schild angebracht:

Platz vor dem Brandenburger Tor. Für mich war es 28 Jahre lang der Platz hinter dem Brandenburger Tor.

Wir gingen weiter auf die grell beleuchtete, weiß gestrichene Mauer zu.

Taghell war es jetzt um Mitternacht.

Da sah ich beim Näherkommen ein winziges Graffito, nur so groß wie eine Postkarte, mit Kugelschreiber auf die drei Meter dicke Panzersperrmauer geschrieben:

Die Mauer ist weg.

Die Mauer ist weg, stand auf der Sperrmauer.

(So was kann man sich einfach nicht ausdenken.)

Peter Härtling

LAND MIT DOPPELTEM GEDÄCHTNIS

WIE JEDES JAHR trafen sich die Synodalen der EKD in einem jener Hotels, die über genügend Zimmer, einen geeigneten Saal fürs Plenum, ein Restaurant für die gemeinsamen Mahlzeiten und eine Bar für die abendlichen Gespräche verfügen. Dieses Mal fiel die Wahl der Organisatoren auf das oberrheinische Bad Krozingen. Wieder trieben mich die Widersprüche dieser Versammlung um: dass in diesem kirchlichen Parlament rabiat und robust Politik betrieben wurde, dass, zum Beispiel, die Evangelikalen, die ausdrücklich frommen, sich ungleich behänder und erfolgreicher im Taktieren und Intrigieren erwiesen. Widersprüche, die kein „guter Glaube" aufzulösen imstande war, die sich aber in Gesprächen am Rande milderten. Manchmal fühlte ich mich nicht mehr fremd unter „Brüdern und Schwestern". Es war meine letzte Synode; ich hatte mir vorgenommen, mich nicht mehr zur Wahl zu stellen.

Die Kirche in der DDR beschäftigte und bedrängte uns. Längst waren die Kirchen in Berlin, Leipzig, Dresden zu „Fluchtburgen" geworden, und der Montagsdemonstration in Leipzig

111

ging ein Gottesdienst voraus. Die Frage, wie die Entwicklung „unsere" Synode beeinflussen würde, bestimmte fast alle Debatten. Wie sollte man sich darauf vorbereiten? Vorsorglich wurden allerdings schon Aufgaben und Stellungen verteilt. Wurden Bedeutungen umgedeutet.

Abends in der Bar teilte sich die Versammlung in Gruppen; ich saß bei den Hessen-Nassauern und Bremern. Freunden. Unvermittelt rief jemand: „Die Grenze ist offen, die Mauer ist gefallen. Die aus dem Osten können unkontrolliert in den Westen." Wie einfach hören sich Sätze an, die das Ende einer Epoche feststellen. Sind wir danach ins Reden geraten, haben uns Zukünfte ausgedacht? Ich weiß es nicht mehr, ich weiß nur, dass ich mit meiner Frau telefonierte, wir Freunde und Bekannte nannten, die wir, die uns ohne Umstände besuchen könnten. Und noch ehe ich mich in den Bad Krozinger Tumult stürzte, fielen mir Lesereisen in der DDR ein, die Begegnungen mit Kolleginnen und Kollegen, deren Neugier und Offenheit mich vergnügte und überraschte, an das konzentrierte Publikum.

Später konnten wir im Fernsehen diesen ausgelassenen Sturm auf die Mauer in Berlin verfolgen, beeindruckt von der wunderbaren Stimmung aus Staunen und Herausforderung. Bad Krozingen lag weit entfernt von diesem Aufbruch, der uns alle mitnehmen sollte.

Wie wird es weitergehen?, fragten wir uns. Ein Deutschland? Zwei Deutschlande? Zwei Regierungen, ein Präsident? Auf alle Fälle eine Synode. Die erlebte ich nicht mehr.

Mit der Zeit veränderte sich auch die Rolle der Kirche in der einstigen DDR. Die Fluchtburgen leerten sich. Der geistliche Beistand für die aus der politischen Malaise Geflüchteten war nicht mehr gefragt. Die Normalität des Westens kehrte im Osten ein.

Wir hätten, sage ich mir heute, nicht alles den Verträge schließenden Unterhändlern und der Treuhand überlassen sollen, wir hätten uns klarmachen müssen, dass wir in einem Land mit doppeltem Gedächtnis leben, wir hätten aufeinander hören sollen.

Klaus Kordon

NICHT DUMM GENUG

ICH WAR NICHT in der Stadt an jenem 9. November 1989, an dem die Mauer fiel – so wie auch 28 Jahre zuvor nicht, als sie gebaut wurde. Damals war ich, ein noch nicht ganz achtzehnjähriger Ostberliner Jugendlicher, mit den Jungen aus dem Jugendwohnheim, in dem ich zu jener Zeit lebte, in den Ferien. In Lubmin an der Ostsee. Bei strahlendem Sonnenschein in einer Sandburg liegend, ein kleines, quäkendes Transistorradio in der Hand, erfuhren wir fünfzehn, sechzehn, siebzehn Jahre alten Jungen von jener Abschottung des einen Teils unserer Heimatstadt vom anderen. Als wir eine Woche später endlich heimkehren durften, konnten wir nur noch den weiteren Ausbau der Grenzanlagen beobachten, alles andere war bereits Geschichte.

Wir standen an der Schlesischen Brücke und lachten. Wie sollte diese „Mauer" denn von Dauer sein? Die Ulbricht, Honecker & Co. konnten eine Stadt doch nicht einfach durchschneiden wie eine Torte. Vier Wochen gaben wir diesem „antifaschistischen Schutzwall", von dem bisher nur ein paar Betonschwellen, spanische Reiter und jede Menge Stacheldraht zu

113

sehen war, mehr nicht. Was hier geschehen war, war ja nichts anderes als ein Diebstahl. Die andere Hälfte der Stadt – für uns Jungen die interessantere, leuchtendere – gehörte uns doch auch. Und wie sollten denn diese lächerlichen paar Schikanen die westlichen Kriegstreiber aufhalten, falls es sie denn wirklich gab und sie mit Panzern angerollt kamen?

Wir waren nicht dumm genug, um nicht zu wissen, dass jene Maßnahme sich in Wahrheit gegen uns – die Ostdeutschen – richtete. Wir sollten eingemauert werden, damit keiner mehr fortkonnte. Wäre ich aber noch rasch geflüchtet wie meine beiden besten Freunde, wenn ich am Tag des Mauerbaus nicht an der Ostsee, sondern in Berlin gewesen wäre? – Nein, die Bundesrepublik der Fünfzigerjahre erschien mir, einmal abgesehen von ihrem oberflächlichen Leuchten, nicht sehr verlockend. Sie schleppte zu viel braunen Ballast mit sich herum.

Ja, anfangs lachten wir. Nicht sehr viel später, als sich am Checkpoint Charlie sowjetische und amerikanische Panzer gegenüberstanden, lachten wir nicht mehr. Wer sagte uns denn, dass die da oben, Ost wie West, nicht blöd genug waren, einen Dritten Weltkrieg zu entfachen, nur um zu beweisen, dass ihr Gesellschaftssystem das bessere, alleinseligmachende war? Die Kuba-Krise 1962 verstärkte diese Furcht noch, der vorzeitig erstickte Prager Frühling 1968 läutete meinen Abschied aus der DDR ein: Ohne jede Hoffnung, dass das System, das von sich behauptete, den Sozialismus aufbauen zu wollen, noch zu reformieren war, wagte ich 1972 die Flucht, landete in Stasi-Haft und wurde 1973 von der Bundesrepublik freigekauft.

Jetzt, 1989, inzwischen freiberuflicher Schriftsteller, erreichte mich die Nachricht vom Fall jener Mauer, deren erste Lebenstage ich nicht miterleben durfte, auf einer Lesereise. Zwischen Heidelberg und Mannheim war ich unterwegs: Schulklassen, Bibliotheken, Buchhandlungen. Nach der Abendlesung aß ich in dem Hotel, in dem ich untergebracht war, etwas, dann zog ich mich in mein Zimmer zurück und schaltete den Fernseher ein, um mich vor dem Schlafengehen noch ein bisschen zu informieren über das, was an diesem Tag in der Welt geschehen war. Ja, und da sah ich sie dann: Die Massen von jubelnden und ergriffen weinenden Ostberlinern, wie sie über die Bornholmer Brücke in den Westteil der Stadt hinüberströmten. Anfangs glaubte ich, einem Fernsehspiel aus der Zukunft zuzuschauen, dann begriff ich, dass es sich um nichts Inszeniertes handelte. Aufgeregt zwischen den Sendern hin und her schaltend, dämmerte mir die wahre Tragweite des Geschehens, und so verfolgte ich, immer wacher werdend, die halbe Nacht lang, was sich in meiner Heimatstadt abspielte.

War das denn wirklich möglich? Was war da nur passiert? Und auch den Grenzübergang an der Bornholmer Brücke hatten sie geöffnet? Der lag ja nur fünf Autominuten von meiner damaligen Westberliner Wohnung entfernt ... Und, verdammt noch mal, ich war wieder nicht dabei! Alles wie 28 Jahre zuvor.

Am Morgen, während der Weiterfahrt, im Autoradio die erregte Stimme des Reporters, dazu die bewegenden Worte des Westberliner Bürgermeisters. Da konnte ich nicht mehr anders, ich fuhr rechts ran und heulte ungeniert.

Als ich die kleinstädtische Bibliothek, die mich eingeladen hatte, erreicht hatte, entschloss ich mich, eine Erzählung zu lesen, die den 13. August 1961 zum Inhalt hatte. Ein Tag wie dieser, so meinte ich, schreie förmlich nach einer solchen Geschichte aus der Geschichte. Meine Zuhörer, fünfzehnjährige Jungen und Mädchen, lauschten interessiert. Doch erschüttert von dem, was in jenen Augusttagen vor 28 Jahren geschehen und in dieser Nacht zu Ende gegangen war, waren sie nicht. Einer erfundenen Kriminalgeschichte hätten sie nicht weniger gespannt gelauscht.

Waren sie noch zu jung? Oder lebten sie zu weit weg? Nach der Lesung versuchte ich herauszufinden, was meine Gesprächspartner über die DDR wussten, und musste mich mit einer äußerst armseligen Ausbeute zufriedengeben. Neben vielem Falschen bekam ich nur Gemeinplätze zu hören: Keine Westautos im Osten, keine schicken Klamotten, blödes Fernsehprogramm,

115

nur langweilige Wurst auf dem Brot. Ich stellte einiges richtig und erzählte, dass ich einst selbst in der DDR gelebt hatte. Da wollte ein Mädchen es ganz genau wissen: „Und wie kamen Sie nach Deutschland?"

Ich nahm ihr diese Frage nicht übel. Weshalb sollte dieses Mädchen klüger sein als all die Sportreporter von ARD und ZDF, die bei Fußball-Länderspielen die Bundesrepublik ebenfalls gern mit Deutschland gleichsetzten? Geduldig erklärte ich die Zusammenhänge, die zur Teilung Deutschlands geführt hatten, und sagte lächelnd, dass ich schon immer in Deutschland gelebt habe. In Wahrheit war ich voller Ungeduld, sehnte mich heim, wollte mitfeiern. Doch war ich mal wieder zu diszipliniert, brach die Tournee nicht ab, fegte weiter über die Autobahn – nur eben jetzt im Walzertakt – und winkte jedem der vielen DDR-Wagen, die mir auf ihrer „Test the West"-Tour begegneten, fröhlich zu. Was für eine unverhoffte Chance! Für Berlin! Für Deutschland! Europa! Die Welt!

Ich bin nicht abergläubisch und lehne jeden Gedanken an eine Einwirkung von ganz, ganz oben ab. An diesem Tag aber geriet ich ins Zweifeln, war es doch wieder mal an einem 9. November geschehen, dem Schicksalsdatum der Deutschen. Am 9. November 1918 brach in Berlin die Revolution aus, die den vierjährigen, so blutgetränkten Ersten Weltkrieg beendete. Ich hatte über diese Zeit geschrieben. Am 9. November 1923 unternahm Hitler mit seinem braunen Anhang in München einen Putschversuch, der vorerst misslang. Am 9. November 1938, seit fünf Jahren an der Macht, starteten die Nazis ihre Pogromnacht gegen die jüdische Bevölkerung; der endgültige Beginn der in so viele Millionen Morde mündenden Judenverfolgung. Ich hatte auch darüber geschrieben. Nun wieder ein 9. November! Ein verhasstes Bollwerk war vom Volk erobert worden – und war damit keines mehr! Alles nur Zufall?

In den nächsten Tagen, in den verschiedenen Hotelzimmern, immer neue Bilder vom Zusammenbruch jenes Staates, in dem ich bis zum August 1973 gelebt hatte. Und je mehr ich sah und erfuhr, desto sicherer war ich mir, dass dieser Staat, was nun geschah, nicht überleben würde. Die Mauer war gebaut worden, um die Massenflucht zu stoppen – jetzt hatte sie aus genau demselben Grund wieder geöffnet werden müssen. Was für eine Niederlage für die Genossen Zaunkönige! Ihr Experiment am lebenden Volkskörper von siebzehn Millionen Menschen war gescheitert. Doch wie würde es weitergehen? Würde es zu einer Wiedervereinigung der beiden deutschen Staaten kommen? – Ja! Ich war mir sicher, dass sie unausweichlich war. Ich hatte in der DDR Ökonomie studiert und im Binnen- und Außenhandel gearbeitet, ich wusste, dass die DDR-Wirtschaft im „freien Spiel der Kräfte" der westlichen Übermacht unterlegen sein würde. Und das erst recht, wenn – wie bereits abzusehen war – die Handelspartner in den sozialistischen Bruderländern wegbrachen.

Nein, nach dem Wegfall des Eisernen Vorhangs würde dieser so lange künstlich am Leben gehaltene Staat nicht konkurrenzfähig sein. Der Mensch habe die Erde den nachfolgenden Generationen verbessert zu hinterlassen, hatte ich bei Karl Marx gelesen. Die Genossen, die ihn zu einem Gott erhoben hatten, hatten ihn offensichtlich nicht gründlich genug gelesen. Die Städte verfallen und verödet, die Verkehrswege dem Verfall preisgegeben, ein Großteil der Landschaften zerstört. Gift in den Flüssen. Kurz: Die verseuchteste Industrielandschaft Mitteleuropas! Die von der DDR-Elite so gern in den Mund genommene „zehntstärkste Wirtschaftsnation der Welt" – nichts als ein billiger Propagandabluff! (Dass auch in der kapitalistischen Welt Schindluder mit der Umwelt getrieben wird, ist kein Entschuldigungsgrund. Wenigstens darf man dort öffentlich für einen Wandel eintreten.)

Wenn nun aber der Kapitalismus im Osten Einzug hielt, wie sollte dieses kaputte Land, wie diese marode Wirtschaft mit all ihren verrotteten Fabrikhallen und der veralteten Technologie

Ich fegte weiter über die Autobahn und winkte jedem der vielen DDR-Wagen fröhlich zu

117

den Wandel überleben? In einer Zeitschrift waren mal zwei doppelseitige Vergleichsfotos abgebildet. Auf der einen Doppelseite: eine Autotaktstraße in Eisenach. Wartburgs wurden hier montiert und es wimmelte nur so von Mechanikern auf dem Foto. Auf der anderen Doppelseite: eine Taktstraße bei Opel. Die durch und durch mechanisierte Arbeitswelt! Jene paar Arbeiter, die die Anlagen bedienten – das Auge musste sie suchen. Ein reibungsloser Produktionsablauf! Wie praktisch für die Besitzer der Produktionsmittel; Maschinen haben weit geringere Ausfallzeiten, auch können sie 24 Stunden am Stück arbeiten. Doch war den Menschen im Osten ein Überstülpen dieser Arbeitswelt zu wünschen? Was würde mit denen geschehen, die keiner mehr brauchte?

Bedenken, die sich später als nicht zu übertrieben pessimistisch erwiesen. Doch wäre es anders ja gar nicht gegangen. Brüder- und schwesterliche Hilfe war nötig, um die rückständige Ost-Wirtschaft zu retten. Und diese Hilfe, davon war ich früh überzeugt, würde es allein unter dem Vorzeichen der Wiedervereinigung geben. Niemand im Westen hatte ein Interesse daran, eine, wenn auch gewandelte, sozialistische DDR zu unterstützen. Und eine kapitalistische DDR hatte keinen Sinn. Wozu als siamesisches Zwillingspaar durch die Weltgeschichte irren?

Das Wort „Wiedervereinigung"! Zuvor im Westen jahrzehntelang gebetsmühlenartig gebraucht als inhaltsleere Stereotype für die Feiertagsreden der jeweils regierenden Politiker – im Osten nichts anderes als der an die Wand gemalte Teufel; Synonym für Revanchegelüste und revanchistische Gedankenspielerei. Aber hatte – hier wie dort – überhaupt noch jemand ernsthaft daran geglaubt, dass jenes Ergebnis des Zweiten Weltkrieges eines Tages rückgängig gemacht werden könnte? Hatte man sich nicht abgefunden mit der Teilung und eingerichtet in seiner Halbwelt? War diese Wieder- oder Neuvereinigung und waren vor allem die Kosten, die sie verursachen würde, von westlicher Seite aus überhaupt noch gewünscht? – Doch egal, ob gewünscht oder nicht, sie würde kommen, die Fakten ließen gar nichts anderes zu.

Eine schöne Bestätigung für all jene Hardliner, die den real existierenden Sozialismus seit Jahrzehnten mit allen Mitteln bekämpft hatten. Leider! Zwar bin ich der Meinung, dass, wer sich ehrlich mit der Geschichte des Marx-Engels-Lenin-Stalinismus beschäftigt hatte, bereits vorher hätte erkennen können, dass die in dogmatische Lehrsätze gemeißelte Hoffnung auf eine gerechtere Welt schon lange allein vom Wunschdenken altersstarrsinniger Politiker geprägt war, doch ist, was die unversöhnlichen Gegner dieser grauen und gräulichen Theoretiker als Alternative anzubieten haben, kein fehlerfreier „Die-beste-aller-denkbaren-Welten-Gegenentwurf". Wer sich da nun alles brüstete und als Sieger der Geschichte fühlte, machte mir, was die Zukunft betraf, Angst. Andererseits sah und sehe ich keinen Grund, den Niedergang von Diktaturen zu beweinen. Diese ganze, auf den ersten Blick so logische und einfache marxistische Theorie, die in ihrer Kritik am Kapitalismus so oft recht behalten, in der realsozialistischen Praxis aber kläglich versagt hat, was ist sie anderes als nur eine von mehreren möglichen Antworten auf die Frage, die der Kapitalismus gestellt hat und noch immer stellt? Sie war nicht die richtige Antwort, wie die Menschen in den sozialistischen Ländern auf schmerzhafte Weise erfahren mussten. Doch was kam jetzt? Würde es wie so oft sein: Zerschlägst du ein ideologisches Weltbild, bläht sich das andere erst recht auf? Würde der Kapitalismus – von seinen Anhängern inzwischen „freie" und von sehr blauäugigen Menschen „freie, soziale Marktwirtschaft" genannt – sich nun, ohne noch von konkurrenzfähigen Gesellschaftssystemen infrage gestellt zu werden, nicht in rasendem, alle ihm aufgezwungenen sozialen Errungenschaften beiseite fegendem Tempo in seine menschenverachtende Frühzeit zurückentwickeln?

Auch nicht zu pessimistisch geahnt, wie sich herausstellen sollte. Meine Freude über den Mauerfall aber trübten solche Ahnungen zu jener Zeit kaum. Wenn mit dem Fall der Mauer der Kalte Krieg, der alle paar Jahre gedroht hatte, ein heißer zu werden, zu Ende gehen sollte, so erschien mir das ein solcher Gewinn zu sein, dass alle anderen Sorgen in den Hintergrund rückten. Man lebt nicht 40 Jahre lang mit einem Schwert über dem Haupt, ohne dankbar zu sein, wenn es endlich fortgenommen wird.

Eine Woche nach dem glückhaften Ereignis heimgekehrt von meiner Reise, beobachtete ich, dass sich die Freude bei vielen schon wieder gelegt hatte. Verbrüderungsszenen zwischen den Berlinern aus beiden Teilen der Stadt fanden nicht mehr statt. Die Westler schimpften über zu volle Geschäfte und den Trabbi-Gestank in ihren Straßen, die Ostler bangten vor der Invasion der Westler, wenn erst der Zwangsumtausch an der Grenze entfiel: Würden sie für ihre Ostmark vom Friseur denn überhaupt noch bedient werden, wenn die Westberliner mit ihrer Westmark wedelten? Dank der billigen Ostpreise und des für sie günstigen Wechselkurses würden die sich ihre Haare ja zum Gegenwert eines Kaugummis ondulieren lassen können.

Die Sektkorken-Idylle war beendet, durch die Stadt fegte wieder der Wind. Na und? Jeder frische Wind war mir lieber als die abgestandene und inzwischen schon recht miefige Luft der janusköpfigen Frontstadt. Spannung war angesagt. Wie würde alles weitergehen? Und würde das neue, große Deutschland aus seiner Geschichte gelernt haben?

Eva Zeller

MAUERSEGLER – MAUERSPECHT

MAUERSEGLER. APUS APUS. Aus der Familie der Segler. So doziere ich jedes Jahr, wenn die Lerneinheit Vogelzug im Lehrplan vorgesehen ist, spreche über unbegreifliches Heimkehrvermögen, Brut-Wintergebiete, Sonnen- und Sternkompass, Rücken- und Gegenwind und ermuntere die Schüler, im November auf die Schwärme zu achten – allerdings flögen die in großer Höhe, sie seien die Letzten, die Europa verlassen, um hierher nach Südafrika zu ziehen.

Mauersegler also. Manchmal liegt mir auf der Zunge zu sagen, ich bin auch einmal ein Mauersegler gewesen. Stellt euch vor: Was sollen meine Schüler, die in einem grenzenlos weiten sonnigen Land groß geworden sind, sich denn vorstellen? Dass eines gar nicht schönen Tages eine Mauer um die deutsche Hauptstadt gebaut worden ist? Wohl kaum einer dieser weißen Jungen und Mädel ist jemals in Berlin gewesen. „Berlin" ist eine Vokabel, die vielleicht im Geografieunterricht vorkommt.

Doch der Reihe nach. Mein Name ist Helmut Halbach. Lehrer an der Deutschen Höheren Privatschule in Windhoek, Namibia.

121

Geboren bin ich 1953 in der Berliner Charité, aufgewachsen in der Waldemarstraße. Und als ich acht Jahre alt war, hat mein Vater mich aus dem Fenster geworfen… über die halbhohe Mauer… in der Waldemarstraße…

In den Ohren meiner Schüler muss das wie ein Märchen klingen: Es war einmal… und wenn sie nicht gestorben sind, leben sie heute noch…

Es ist besser, diese Geschichte für mich zu behalten. Sie hat sich ohnehin in meine Träume zurückgezogen. Da allerdings ist sie noch so gegenwärtig, dass ich mitunter mit ausgebreiteten Armen aufschrecke. Oder mit Zähneknirschen. Denn im Fallen breiten sich die Arme von alleine aus, die Zähne beißen aufeinander. Kinder hat man wie Bälle aus den Fenstern geworfen. Mein Vater hat mich auf das Fensterbrett gehoben und neben das Vogelhäuschen gestellt. „Hallo, Sportsfreund", hat er aufmunternd gerufen, „ein Indianer kennt keine Angst." Ich war aber weder Sportsfreund noch Indianer. Ein Muttersöhnchen war ich, ein Dreikäsehoch. Habe mich schreiend an meine Mutter geklammert, die hinter mir stand und sich wahrscheinlich an meinen Vater geklammert hat, jeder an jeden geklammert in diesem panikerfüllten Augenblick, als die Feuerwehr im Westen das Sprungtuch aufgehalten hat. Sprungtuch. Jumping-sheet. Ich bin heil darin angekommen. Ein Feuerwehrmann hat mich auf den Arm genommen und weitergereicht an den nächsten Feuerwehrmann. Als ich wieder auf meinen zwei Beinen stand, sah ich, wie mein Vater aus dem Sprungtuch krabbelte. Hallo, Sportsfreund.

Wir haben dann beide nach oben gestarrt zu dem Fenster im dritten Stock, das noch nicht wie die unteren Fenster zugemauert war. Ich habe mein Vogelhäuschen gesehen. Aber meine Mutter, die doch nun auch hätte springen müssen, habe ich nicht gesehen, am Fenster erschien stattdessen ein Offizier der Volksarmee, der ballte die Faust – brüllte etwas. Mit anderen Worten: Meine Mutter ist nicht gesprungen. Hat sie im letzten Moment den Mut verloren? Hat sie Angst vor ihrer eigenen

Courage gekriegt? Oder sind hinter ihr die Soldaten ins Zimmer gestürmt, haben sie zurückgerissen und mitgenommen?

Erst Monate später erreichte meinen Vater auf Umwegen die Nachricht, dass seine Ehefrau wegen geplanter Republikflucht zu vier Jahren Haft verurteilt worden sei. Und nicht lange danach erfuhren wir von ihrem Tod. Todesursache Lungenentzündung.

Damals war ich acht Jahre alt. Mein Vater, der mich aus dem Fenster geworfen hat, ist selber rasch wieder auf die Füße gefallen, beruflich und privat, hat einen guten Job bei einer Baufirma bekommen und sich wieder verheiratet. Als sein Chef einen großen Auftrag in Südafrika an Land zog, war mein Vater sofort dabei, als könnte er gar nicht weit genug von Berlin wegkommen.

Wir waren also schon lange in einem anderen Land, als die unglaubliche Nachricht um die Welt ging, dass die rund einhundertfünfundsechzig Kilometer lange Mauer um Berlin erste Risse zeige. Kräne hoben einzelne Mauerteile heraus, um neue Übergänge zu schaffen. Ich traute meinen Ohren nicht und nicht meinen Augen. Menschen tanzten auf der Mauer am Brandenburger Tor. Umarmten und küssten sich und waren außer Rand und Band. Feierten auf den Stufen am Dom und am Grenzübergang Bahnhof Friedrichstraße. Tränenpalast haben die Berliner diese Kontrollstelle genannt. Hätte meine Mutter die Haft überlebt und wäre eines Tages entlassen worden – durch diesen Tränenpalast wäre sie zurückgekommen.

Ich kannte die Grenzübergänge, den Dom, das Brandenburger Tor nur von Fernsehbildern. Ich kannte nur die Waldemarstraße, gerade noch die Zimmer- und die Luckauer Straße; dort wohnte der Kinderarzt, zu dem ich an der Hand meiner Mutter regelmäßig gebracht wurde, weil ich soviel hustete und oft keine Luft bekam. Kein Sportsfreund, kein Indianer, der nichts von Angst wusste.

Ich musste nach Berlin. Musste sehen, ob diese Fernsehbilder nicht nur Szenen aus einem Science-Fiction-Film waren.

123

Es wurde dann aber doch noch Januar 1990, bis ich mich auf den Weg machte. Die Medien berichteten, dass ein besonders cleverer amerikanischer Geschäftsmann bereits tonnenweise Mauerteile erworben habe und per Jumbojet nach Chicago habe ausfliegen lassen, wo er sie, mit einem Echtheitszertifikat versehen, zu harten Dollars mache. Der Durchschnittspreis für ein Mauerelement – jedes drei Meter zwanzig hoch, ein Meter dreißig breit – betrage zurzeit fünfzigtausend D-Mark.

Ein kleiner Stein als Andenken wird ja wohl noch übrig sein, wenn ich nach Berlin komme. Für drei Dollar pro Viertelstunde soll man sich Hammer und Sichel, nein Hammer und Meißel, leihen können, um selber Hand anzulegen an den antiimperialistischen Schutzwall, das Schandmonument; wer noch ein bisschen von dem Staatsstück abhaben wolle, müsse sich beeilen.

Der Flug von Windhoek nach Frankfurt am Main dauerte neun Stunden. Neun Stunden, in denen ich versuchte, mir vorzustellen, was mich in der Waldemarstraße erwartete. Dass es eine Heimkehr in mein Brutgebiet sein könnte, wagte ich nicht zu hoffen. Ich kannte keinen Menschen mehr in Berlin. Frankfurt – Berlin, eine Stunde über den Wolken. Ich saß auf einem Fensterplatz, von dem aus die Tragfläche mir nicht den Blick nach unten verdeckte. Beim Landeanflug kontrollierte ich immer wieder, ob ich angeschnallt war. Wir sackten noch einmal durch, dann ging es geradewegs auf die Piste zu. Kurz bevor die Maschine aufsetzte, musste sie in 16 Meter Höhe über dem Boden sein. 16 Meter sind ganz schön hoch, wenn man aus dieser Höhe ein Kind aus dem Fenster wirft ...

Mein Hotel am Adenauerplatz war schlecht geheizt. Es war bitterkalt in Germany. Kein Wunder, dass die Vögel jetzt in ihren warmen Winterquartieren waren. Ich musste mir noch lange Unterhosen, Handschuhe und einen Pullover kaufen und am nächsten Tag eine russische Pelzmütze, die am Brandenburger Tor angepriesen wurde. Hier wurde getrödelt: Fahnen mit dem Ährenkranz um Hammer und Sichel, Autoschilder mit dem Zeichen DDR, Stahlhelme mit Tarnnetzen, Berge von Stahlhelmen, Orden über Orden, Koppelschlösser, Schulterstücke, schmucke Offiziersmützen mit Schirmen und wie gesagt russische Pelzmützen. Kaufen se meen Herr, solange der Vorrat reicht. Und auf ausgebreiteten Pferdedecken wurden klein gehackte Mauerteile als Souvenir angeboten, als Briefbeschwerer, Kacheln, Blumentöpfe, grell besprayte Objekte, aus denen noch Stahldraht kroch. Für fast 30 Jahre war aus Spree-Athen Spray-Athen geworden; so haben die Berliner gefrotzelt. Sie haben immer das treffende Wort gefunden. Mauersegler hießen die Flüchtlinge, die seinerzeit in die Sprungtücher gesprungen sind. Ich bin geflohen worden, und wenn ich jetzt anfange, mir Andenken aus der Mauer zu hacken, bin ich ein Mauerspecht. Vorerst aber nahm ich mir ein Taxi. Zur Waldemarstraße. Waldemarstraße? Der türkische Taxifahrer entfaltete umständlich den Berliner Stadtplan. Ich riet ihm, nach der Zimmer- oder Luckauer Straße zu suchen. Wir

Wir waren also schon lange in einem anderen Land, als die unglaubliche Nachricht um die Welt ging, dass die rund einhundertfünfundsechzig Kilometer lange Mauer um Berlin erste Risse zeige

fuhren durch eine City, die ich nicht kannte. Der vierspurige Verkehr irritierte mich, das ungewohnte Rechtsfahren, der Lärm. Ich sah doppelläufige Mauerreste mit und ohne Graffiti, gestapelte Metallgitter, Räumwagen mit Schutt, Bagger und eingeschneite Grenzabfertigungsanlagen am ehemaligen Todesstreifen. Dort habe ich auch die Holzkreuze gesehen, die an die Opfer des Mauerbaus erinnern, deren Fluchtversuche gescheitert waren. Für meine Mutter wurde kein Holzkreuz errichtet.

Auf Umwegen fand der Taxifahrer die Waldemarstraße. Sie hieß tatsächlich noch so. Und die Mauer stand auch noch, allerdings nur noch halbhoch, wie seinerzeit, als die Feuerwehr hier ein Sprungtuch aufgehalten hat. Hallo Sportsfreund. Auch das Haus stand noch. Es schien aber unbewohnt, denn alle Fenster waren nur Höhlen. Auf dem einen Sims im dritten Stock kein Futterhäuschen mehr, wo immer eine zutrauliche Amsel mich

125

beäugt hatte. Ich habe da gestanden, in die Höhe gestarrt und elend gefroren. Mit klammen Fingern konnte ich eben noch ein paar Aufnahmen machen.

In den folgenden Tagen habe ich viel fotografiert, bin kreuz und quer durch Berlin gezogen und habe die Mauer abgelichtet, wo sie noch nicht niedergewalzt war, dieser breite Gipsverband zum Bekritzeln. Maler und Sprayer aus aller Welt hatten sich da verewigt mit Figurenketten, Strichmännchen, Comicbildern, mit zähnefletschenden Ungeheuern, maskierten Spionen, schwarzen Silhouettenflüchtlingen, Giraffen, deren Hälse nicht lange genug waren, um über die Mauer zu gucken. Ein Jammer, dass diese Kunst verschwinden muss. Schon jetzt klafften große Lücken und allenthalben waren trotz der Kälte die Mauerspechte am Werk. Man konnte es hören als den beschleunigten Herzschlag einer Stadt. Für fünf Dollar lieh ich mir auch Hammer und Meißel, mit klammen Händen konnte ich nur Mörtel abhacken. Also kaufte ich am Brandenburger Tor Mauerteile, auf denen noch etwas von dieser Hoffnungsschmiere zu erkennen war, von gesprayten Reißverschlüssen, Treppen, Leitern und von Pfeilen mit abgebrochenen Spitzen, die in ohnmächtiger Wut gegen die Mauer geschleudert worden waren. Jetzt hatte ich Mitbringsel für meine Frau, unseren Sohn und meine Schüler. Einen der Steine hätte ich gerne auf das Grab meiner Mutter gelegt, aber auch dieses Grab gab es nicht mehr.

AUTOREN

KATHRIN AEHNLICH wurde 1957 in Leipzig geboren. Dort studierte sie an der Ingenieurschule für Bauwesen mit anschließender dreijähriger Tätigkeit in einem Baubetrieb. Danach folgte ein Studium am Literaturinstitut in Leipzig. Nach dem Fall der Mauer begann sie ihre journalistische Arbeit mit Reportagen, Gerichtsberichte für „Die andere Zeitung" (DAZ) und ersten Werken für den Rundfunk. Seit 1992 arbeitet sie als freie Redakteurin beim Mitteldeutschen Rundfunk; Autorin und Regisseurin von Hörfunkfeatures und Dokumentarfilmen. 1998 erhielt sie ein Stipendium für hochbegabten schriftstellerischen Nachwuchs. Im Frühjahr 2007 erschien der Roman: „Alle sterben, auch die Löffelstöre".

THOMMIE BAYER wurde 1953 in Esslingen/Neckar geboren. Nach dem Studium der freien Malerei an der Kunstakademie Stuttgart von 1972 bis 1978 lebte er als Musiker, veröffentlichte Schallplatten und tourte mit eigener Band. Seit 1984 schreibt er Romane, Kurzprosa, Gedichte und Beiträge in Anthologien und journalistische Arbeiten für Südwestfunk, Südfunk, Saarländischer Rundfunk, Radio FFN, RIAS und WDR. 1992 wurde Bayer mit dem Thaddäus Troll Preis des Förderkreises deutscher Schriftsteller ausgezeichnet; er war 2007 für den Deutschen Buchpreis mit dem Roman „Eine kurze Geschichte vom Glück" nominiert.

SIBYLLE BERG wurde 1962 in Weimar geboren und lebt heute in Zürich. 1984 wird sie von der Bundesrepublik Deutschland freigekauft. Berg war Clownschülerin und jobbte in verschiedenen Berufen, bis sie nach eigener Aussage das Gefühl hatte, alt genug zu sein, um Schriftstellerin zu werden. Sie hat bislang zehn Bücher veröffentlicht, darunter „Ein paar Leute suchen das Glück und lachen sich tot" 1997, „Sex II" 1998, „Das Unerfreuliche zuerst – Herrengeschichten" 2001, und „Die Fahrt" 2007. Ihre Theaterstücke, unter anderem „Helges Leben und Schau, da geht die Sonne unter" werden an zahlreichen Bühnen im In- und Ausland gespielt.

ULLA HAHN wurde 1946 in Brachthausen/ Sauerland geboren. Sie ist promovierte Germanistin, war Lehrbeauftragte an den Universitäten Hamburg, Bremen und Oldenburg und anschließend bis 1989 Literaturredakteurin bei Radio Bremen. Ihr lyrisches Werk wurde u. a. mit dem Hölderlin-Preis ausgezeichnet. Für ihren Roman „Das verborgene Wort" erhielt sie 2002 den Bücherpreis. Zahlreiche Lyrikbände, darunter „Herz über Kopf" (1981), „Liebesgedichte" (1993) und „So offen die Welt" (2004) sowie Anthologien, darunter „Gedichte fürs Gedächtnis" (1999), und mehrere Romane und die Erzählung „Liebesarten" (2006).

PETER HÄRTLING wurde 1933 in Chemnitz geboren. Er arbeitete von 1952 bis 1961 als Journalist an mehreren Zeitungen. Bis 1967 war er Mitherausgeber der Zeitschrift „Der Monat". Von 1968 bis 1973 in der Verlagsleitung des S. Fischer Verlags. Von 1973 an freischaffend. 2001 Sonderpreis des Jugendbuchpreises für das kinderliterarische Gesamtwerk. 2003 Deutscher Bücherpreis für das Lebenswerk. Zahlreiche Romane, Erzählungen, Gedichte, Essays, Dramatik, Kinderbücher. Zuletzt erschien „O´Bär an Enkel Samuel. Eine Erzählung mit fünf Briefen" (2008).

MARTINA HEFTER wurde 1965 in Pfronten/Allgäu geboren. Sie absolvierte eine tanzpädagogische Ausbildung in München und arbeitete anschließend als Tänzerin für zeitgenössischen Tanz in Berlin. Seit 1997 lebt Hefter in Leipzig, wo sie am Deutschen Literaturinstitut studierte. Sie veröffentlichte zuletzt die Romane „Zurück auf Los" und „Die Küsten der Berge" im Wallstein-Verlag und erhielt unter anderem 2005 den Förderpreis zum Lessing-Preis des Freistaates Sachsen und den Lyrik-Preis Meran 2008.

ROLF HOCHHUTH wurde 1932 in Eschwege geboren. Zunächst arbeitete er als Buchhändler in verschiedenen Buchhandlungen und Antiquariaten und besuchte nebenbei Vorlesungen an Universitäten in München und Heidelberg. Danach wurde er Lektor in einem Verlag; seit 1963 arbeitet er als freier Autor. Er schrieb zahlreiche Werke, u. a. „Der Stellvertreter", „Soldaten. Nekrolog auf Genf", „Lysistrate und die NATO", „Unbefleckte Empfängnis" und „McKinsey kommt". 1980 erhielt er den Literaturpreis der Stadt München und des Verbandes bayerischer Verleger sowie den Geschwister-Scholl-Preis.

JÜRGEN ISRAEL wurde 1944 in Hörnitz (Oberlausitz) geboren und ist seit 1973 verheiratet. Er studierte in Jena Altertumswissenschaften und Germanistik, wonach er für kurze Zeit als Verlagslektor im Gustav Kiepenheuer Verlag Weimar tätig war. Zwischen 1970 und 1972 war er inhaftiert wegen Wehrdienstverweigerung und wurde mit Berufsverbot belegt. Danach folgten für ihn unterschiedliche Beschäftigungen bei verschiedenen Arbeitgebern u. a. beim St. Benno-Verlag Leipzig. Seit 1974 arbeitet er vorwiegend freiberuflich als Lektor, Autor und Publizist. Heute lebt er in Neuenhagen bei Berlin.

KLAUS KORDON wurde 1943 in Berlin geboren. Bevor er 1973 nach einjähriger politischer Haft in die BRD wechselt, studierte er Volkswirtschaft. Seit 1980 ist er freiberuflicher Schriftsteller und schreibt Romane, Erzählungen, Lyrik, Kinder- und Jugendbücher. Er ist mit namhaften nationalen und internationalen Preisen ausgezeichnet, unter anderem 2003 mit dem Deutschen Jugendliteraturpreis für „Krokodil im Nacken". Klaus Kordon ist Mitglied des PEN-Zentrums der Bundesrepublik Deutschland und der Deutschen Akademie für Kinder- und Jugendliteratur. Er lebt in Berlin.

GÜNTER KUNERT wurde 1929 in Berlin geboren. Er repräsentiert mit seinem Werk in besonderem Maße die Literatur der beiden deutschen Staaten. Sein Gesamtwerk umfasst eine Vielzahl von literarischen Formen wie Balladen, Sonette, Lyrik, Rezensionen, Reiseberichte, Feuilletons, Hörspiele, Kurzprosa, Essays, ein Roman und andere mehr. Kunert ist seit 1988 Mitglied der Freien Akademie der Künste Hamburg und seit 2005 Vorstandspräsident des PEN-Zentrums deutschsprachiger Autoren im Ausland. Für seine Arbeit erhielt er unter anderem 1962 den Heinrich-Mann-Preis und 1996 den Hans-Sahl-Preis (für sein Gesamtwerk). Er lebt mit seiner Frau, mit der er seit 1952 verheiratet ist, in Itzehoe.

HANS-JOACHIM MAAZ wurde 1943 in Niedereinsiedel geboren. Er arbeitete als Psychiater, Psychoanalytiker und Autor. Von 1989 bis 1991 schrieb er regelmäßige Kolumnen im Jugendradio DT64. 1990 erschien „Der Gefühlsstau", in dem er den Einfluss von staatlicher und familiärer Repression im DDR-System auf die psychische Befindlichkeit der Bevölkerung untersuchte. In seinen Folgewerken beschreibt er die kritische Auseinandersetzung mit der Situation im wiedervereinigten Deutschland und deren Folgen auf die Psyche. Der Schwerpunkt seiner späteren populären Bücher wie „Die Liebesfalle" und „Der Lilith-Komplex" sind Beziehungen und der Einfluss der prägenden Erfahrungen in der Familie.

KLAUS MODICK, Schriftsteller und Übersetzer, wurde 1951 in Oldenburg geboren. Er studierte Germanistik und Geschichte und promovierte 1980 über Lion Feuchtwanger. Zu seinen bekanntesten Werken zählen die Romane „Ins Blaue", „Das Grau Karolinen", „Der Flügel" und „Vierundzwanzig Türen". Zuletzt erschienen die Romane „Der kretische Gast", „Bestseller" und „Die Schatten der Ideen". Modick ist Mitglied des PEN-Zentrums der Bundesrepublik Deutschland und erhielt für sein Werk verschiedene Auszeichnungen und Literaturpreise.

HENNING SCHERF wurde 1938 in Bremen geboren. Er ist seit 1960 verheiratet, hat drei Kinder und sieben Enkelkinder. Er studierte Rechts- und Sozialwissenschaften in Freiburg, Berlin und Hamburg. 1968 wurde er promoviert zum Dr. jur. Seit 1967 arbeitet er als Rechtsanwalt in Bremen, Regierungsassessor in Niedersachsen, Bürgermeister und Präsident des Senats der Freien Hansestadt Bremen. Er ist Präsident des Deutschen Chorverbandes. Scherf schrieb den Bestseller „Grau ist bunt – was im Alter möglich ist". Er lebt mit seiner Frau Luise Scherf in einer achtköpfigen Hausgemeinschaft in der Bremer Innenstadt.

WOLF SCHNEIDER war Korrespondent der Süddeutschen Zeitung in Washington, Verlagsleiter des STERN, Chefredakteur der WELT, Moderator der NDR-Talkshow und 16 Jahre lang Leiter der Henri-Nannen-Schule. Er ist Ausbilder an fünf Journalistenschulen und unterrichtet lesbares Deutsch in Wirtschaft, Presse und Behörden. Schneider hat 28 Sachbücher geschrieben, darunter „Der Mensch – eine Karriere", „Große Verlierer – von Goliath bis Gorbatschow" und „Wörter waschen – 26 gute Gründe, politischen Begriffen zu misstrauen". 1984 Medienpreis für Sprachkultur der Gesellschaft für deutsche Sprache. 2007 Honorarprofessor der Universität Salzburg.

HELGA SCHUBERT wurde 1940 in Berlin geboren. Die Diplom-Psychologin und Schriftstellerin war von 1989 bis 1990 Pressesprecherin des Zentralen Runden Tisches. Sie ist Mitglied des PEN-Zentrums, des Autorenkreises der Bundesrepublik und Ehrendoktorin der US-amerikanischen Purdue-University: Doctor of humane letters/USA. Sie erhielt u.a. den Fallada-Preis und den Heinrich-Mann-Preis. Sie veröffentlichte verschiedene Bücher, unter anderem „Lauter Leben", „Judasfrauen", „Das verbotene Zimmer", „Die Welt da drinnen – eine deutsche Nervenklinik und der Wahn vom unwerten Leben". 2008 hat sie ihren Hauptwohnsitz von Berlin in das mecklenburgische Dorf Neu Meteln verlegt.

135

DIETER WELLERSHOFF wurde 1925 in Neuss geboren. Er schrieb Romane, Novellen, Erzählungen und zahlreiche Essaybände zur Literatur und zur Zeitgeschichte. Außerdem mehrere autobiografische Bücher, unter anderem „Der Ernstfall" 1995 über seine Erfahrungen im Zweiten Weltkrieg. Wellershoff hielt poetologische Vorlesungen an in- und ausländischen Universitäten, zuletzt in Frankfurt am Main. Er erhielt unter anderem den Hörspielpreis der Kriegsblinden, den Heinrich-Böll-Preis, den Hölderlin-Preis, den Joseph-Breitbach-Preis und den Ernst-Robert-Curtius-Preis. Seine Übersetzungen erschienen in 15 Sprachen. Seit 1981 lebt er als freier Schriftsteller in Köln.

EVA ZELLER, geboren 1923 in Eberswalde. Studium der Germanistik und Philosophie. Verheiratet mit Pfarrer Reimar Zeller, Mutter von vier Kindern. Mitglied der „Deutschen Akademie für Sprache und Dichtung" und der „Akademie der Wissenschaften und Literatur" Mainz. Mehrere Preise: „Andreas-Gryphius-Preis", „Droste-Preis", „Eichendorffpreis", „Evangelischer Buchpreis" 1994. Publikationen unter anderem „Der Sprung über den Schatten", „Der Turmbau", „Solange ich denken kann", „Nein und Amen", „Die Lutherin", „Das versiegelte Manuskript". Lyrikbände: „Stellprobe", „Auf dem Wasser gehen" und „Das unverschämte Glück".

Bibliografische Information der Deutschen Nationalbibliothek. Die Deutsche Nationalbibliothek verzeichnet
diese Publikation in der Deutschen Nationalbibliografie;
detaillierte bibliografische Daten sind im Internet über
http://dnb.d-nb.de abrufbar.

GESTALTUNGSKONZEPT:
Lena Gerlach, Kristin Kamprad,
Hansisches Druck- und Verlagshaus GmbH

GRAFISCHE UMSETZUNG:
Lena Gerlach, Hansisches Druck- und Verlagshaus GmbH

DRUCK UND BINDUNG:
Lindendruck Verlagsgesellschaft mbH, Hannover

BILDREDAKTION: Anika Kempf

BILDNACHWEISE:
Umschlag-Foto: Erich Mehrl / epd
Autoren-Fotos: S.128: Christiane Eisler / transit | S.129 oben:
Peter Peitsch | S.129 unten: Katja Hoffmann | S.130 oben:
Brigitte Friedrich | S.130 unten: Stephan Morgenstern / laif |
S.131 oben: Marie-Luise Marchand | S.131 unten: Andreas
Teich / Caro / SZ Photo | S.132 oben: Andreas Freund |
S.132 unten: Anita Schiffer-Fuchs / SZ Photo | S.133 oben:
Dietmar Silber | S.133 unten: privat |134 oben: Brigitte
Friedrich / SZ Photo | S.134 unten: photothek.net / SZ Photo
| 135 oben: Peter Just | S.135 unten: privat | S. 136 oben: SZ
Photo | S. 136 unten: privat

LEKTORAT: Constanze Grimm

KORREKTORAT: Birgit Boelsen-Hein

© Hansisches Druck- und Verlagshaus GmbH,
Frankfurt am Main 2009

Printed in Germany
ISBN 978-3-938704-84-4